至高の音楽

クラシック「永遠の名曲」の愉しみ方

百田尚樹
Hyakuta Naoki

PHP新書

新書版まえがき

今回、三年前に単行本として出版した『至高の音楽』を、ＰＨＰ新書として新たに出すことになりました。

本というものはたいてい書店では置かれる棚が決まっていて、単行本の『至高の音楽』はクラシック音楽関連の棚に陳列されることがほとんどでした。ところが一般の読者の多くはクラシック音楽の棚にはあまり立ち寄りません。つまり書店でこの本を見て実際に手に取る多くの読者は、クラシック音楽のファンがほとんどだったのです。

しかし私がこの本を書いた一番の動機は、クラシック音楽にはあまり詳しくないが興味は持っているという人のために、クラシックの魅力を知ってもらいたいというものでした。ふだんはＪポップやロックやジャズを聴いている人たちに、クラシック音楽にはそれらの音楽に優るとも劣らない素晴らしさがあることを伝えたいという思いで綴った本です。

そこでクラシックマニア以外の読者の方により多く触れていただくために、また気軽に手に取ってもらえるようにと、新書版で出すことにしたというわけです。

ただ、単行本ではサンプルCDを付けましたが、今回の新書版ではそれがありません。ですが、現代はインターネットがあります。YouTubeに、この本で紹介している曲のタイトルを打ち込めば、たちどころにいくつもの演奏が流れます。もしパソコンやスマホが近くにあれば、YouTubeで音楽を聴きながら、この本をお読みいただければ、より一層、曲への理解が深まるのではないかと思います。

まえがき（単行本時）

この本は雑誌『一個人』と『Ｖｏｉｃｅ』に連載していたクラシックエッセイをまとめたものです。毎月一曲、私の大好きな曲をエッセイ風に紹介したもので、約二年分全部で二五曲（プラス一曲）を載せています。

掲載誌が音楽雑誌ではありませんでしたから、連載がスタートした時、クラシックファン以外の方が読んでも楽しめるように、また私のエッセイを読んでくれた読者の皆さんに、「この曲を聴いてみたい！」という気持ちを抱いてもらいたいと思って書きました。と同時に、かなりのクラシックマニアが読んでも楽しめるものを意図しました。「これまで何度も聴いていたこの曲には、こんな魅力があったのか！」と、棚からＣＤを取り出して聴いてもらいたいと思ったのです。

つまり私はクラシックをよく知らない読者とよく知っている読者の双方を満足させたいという非常に無謀なことに挑戦したのです。この試みが成功したのかどうかはわかりません。

この本のタイトルを『至高の音楽』としたのは、クラシック音楽こそ最高の音楽と私が信じているからです。ジャズの巨匠デューク・エリントンが語った「世の中の音楽には二つのジャンルしかない。良い音楽と悪い音楽だ」という有名な言葉がありますが、私は十八世紀から十九世紀にかけてのヨーロッパ音楽――とくにドイツ音楽こそ世界最高レベルの音楽だと確信しています。

これにはもちろん異論も反論もあることでしょう。しかし、バッハ、モーツァルト、ベートーヴェン、ブラームス、ヴァーグナーたちが到達した世界というのは、現代の様々なジャンルの音楽家たちでさえ容易には近付けないものだと思っています。

「百年以上も前の音楽じゃないか」「百田尚樹はスノッブか」「権威主義を振りかざすな」と言われる方もおられるかもしれません。しかし、それは大きな誤解です。クラシック音楽には本当に素晴らしい音楽がいくつもあります。真に「天才」と呼ぶにふさわしい芸術家たちが命を削って書いた名曲は時空を超えて、感動を伝えてくれます。

この本を読んでいただくことで、クラシックファンが一人でも増えたなら、それは大きな喜びです。そして長年のクラシックファンに既知の曲の魅力をあらためて発見してもらえたら、これまた望外の喜びです。

目次

至高の音楽

第一曲

不意に凄まじい感動が舞い降りた

ベートーヴェン「エロイカ」

クラシックに目覚めた瞬間

私がクラシック音楽を真剣に聴き始めたのは一九七五年、大学に入学した十九歳の頃だ。以来、四十年、ほぼ毎日のように聴いている。学生時代のアルバイト代のほとんどはＬＰレコードとコンサートチケットに変わった。昭和五十（一九七五）年当時レコードは新譜で二四〇〇〜二六〇〇円、廉価版で一二〇〇〜一五〇〇円くらいだった。学生バイトの時給が五〇〇円以下だったから、新譜を買うには五時間以上働かなければならなかった。平成の今はクラシックＣＤの輸入盤はバナナの叩き売り状態で、五〇枚入り五〇〇〇円というのも珍し

お薦めの１枚

■ヴィルヘルム・フルトヴェングラー指揮
■ヴィーン・フィルハーモニー管弦楽団
■1944年録音
■オーパス蔵
規格品番：OPK7026

くない。その昔、レコード屋で一時間も迷って買った同じ録音が一〇〇円ショップで売られているのを見ると、何とも言えない複雑な気持ちになる。

二〇〇六年に亡くなった父がクラシック音楽のファンだったから、クラシックは小さい頃からよく耳にはしていた。しかし中学時代はフォーク、高校時代はハードロックに夢中になっていた私はクラシック音楽を一度もいいと思ったことがなかった。二百年も前の音楽を有難がるのはおかしいのではないかとさえ思っていた。そんな私がクラシックを聴くことになったのは、大学一回生の夏にアルバイトで稼いだ金でオーディオセットを購入して下宿に置いたことがきっかけだ。実家に帰省した折、クラシックも一つくらいダビングしてみようと一枚のレコードを手に取ったのだが、それがルートヴィヒ・ヴァン・ベートーヴェン（一七七〇—一八二七）の第三交響曲「エロイカ（英雄）」だった。

レコードのA面に一、二楽章、B面に三、四楽章が入っていたので、六十分テープのA面とB面に同じ楽章を入れようとダビングを開始した。ところが第二楽章が終わる直前でテープが終わってしまった。テープの冒頭を無駄に送りすぎたと反省して、もう一度挑戦した。しかしまたもやあと数秒というところでテープが終わってしまった。意地になった私は一、二楽章の間の空白の時間にテープを一時停止して再度挑戦した。しかし何ということか、またもや二秒ほど足りない。どうやらこの曲は最初の二つの楽章が長いらしい。

仕方なく九十分テープの片面に全曲を入れようとテープを交換した。ところが全曲は四十五分にはわずかにおさまらなかった。それで九十分テープのA面に三楽章までを入れ、B面に終楽章を入れて、ようやくダビングを終了した。

結局、「エロイカ」をカセットに入れるのに連続して五回も聴くはめになった。ダビング中はソファに寝転がっていたが、そのうちに暇なのでライナーノーツを読んでみた。ライナーノーツというのは、レコードジャケットの裏に書いている解説のことだ。

クラシックの楽曲説明を読むのは生まれて初めてで、解説によると第一楽章はソナタ形式とあったが、もちろん意味不明。提示部がどうの展開部がどうの再現部がどうのという説明があったが、何のことやらちんぷんかんぷんである。ところがダビングの失敗で何度も同じ部分を聴くうちに、「ああ、これが展開部か。なるほどこれが再現部か」とおぼろげながらわかるようになってきた。はじめはどこが頭やら尻尾やらわからなかった曲が、繰り返し聴くことでだんだんと全体像が見えてきたのだ。

そして——その時は不意に訪れた。それまで幾度聴いても何も感じなかった私の心に、突然、すさまじい感動が舞い降りてきたのだ。「なんや、これは!」と思った。

雄渾《ゆうこん》な第一楽章、悲壮な第二楽章、来るべき戦いを予感させる第三楽章、そして激しい闘争と輝く未来を思わせる第四楽章。計五十分近い曲が目の前に全貌を現したのだ。

それまで霧の中に隠れていて何も見えなかった巨人が目の前に立っていた。私はその偉大な姿をただただ呆然と見つめているだけだった。これが、私がクラシック音楽に目覚めた瞬間だった。今までも音楽で感動したことはいくらでもあった。しかしベートーヴェンの感動は、これまで一度も味わったことのないほど、激しく、深いものだった。

それからは狂ったように家にあるベートーヴェンのレコードを聴きまくった。最初の一回はほとんど感動しない。しかし繰り返し繰り返し聴くうちに、「エロイカ」の時と同じように、徐々に霧が晴れていき、ある瞬間、目の前に素晴らしい世界が広がるのだ。

実はこの何度も繰り返して聴くということがクラシック音楽の一つの壁であり、ポイントである。歌謡曲やポップスは一曲が三分前後。しかも同じメロディーで歌詞が三番まであるから、正味のメロディーは一分前後だ。つまり二、三回も聴けばほぼわかる。

それに対してクラシック音楽は長い曲が多い。交響曲や協奏曲、それにピアノソナタだと三十分前後は当たり前。中には一時間を超える曲も珍しくない。オペラなどは三時間以上はざらにある。二回や三回聴いたくらいで全貌を摑むことはとてもできないのだ。ダビング失敗というアクシデントで、五十分もかかる「エロイカ」を連続して五回も聴いたことが、私をクラシックの世界へ誘い込むきっかけとなった。その意味でもベートーヴェンの第三交響曲「エロイカ」は私にとって特別の曲である。

その時の演奏はヘルベルト・フォン・カラヤン指揮ベルリン・フィルハーモニー管弦楽団のもの（六二年録音）。今、私の手元に「エロイカ」のCDは一〇〇種類以上あるが、このカラヤンの盤には今も愛着がある。

「エロイカ」はベートーヴェンにとっても特別な曲だった。晩年、第九交響曲を作る直前、ある人に「これまで作った曲の中で一番素晴らしい交響曲は?」と訊かれて、ベートーヴェンは「『エロイカ』です」と答えた。質問した人は「第五（運命）ではないのですか?」と訊き直したところ、ベートーヴェンは「いいえ違います。『エロイカ』です!」とはっきり答えたという。私の好きな逸話である。

「エロイカ」にはベートーヴェンのすべてが含まれている

たしかに音楽的な完成度や厳しさ、それに存在感は第五交響曲が上回る。しかし「エロイカ」には「第五」よりも雄大な広がりがある。また「第五」にはない優しさ、温かさがある。それでいて「第五」に匹敵するほどの激しさ、強さもある。

だがベートーヴェンが「エロイカ」を何よりも愛したのはそれだけが理由ではないように思う。彼は三十一歳の時に難聴の苦しみに絶望して死を考えた。そして有名な「ハイリゲンシュタットの遺書」を書く。死後に発見されたこの書には苦悩と絶望が綴られているが、決して人生に別れを告げる文ではない。厳しい運命に立ち向かう悲壮な決意が記されている。

この「遺書」をしたためた後、ベートーヴェンの音楽は一変する。それまでハイドン、モーツァルトの流れを汲み、力強くはありながらも、優美でセンチメンタルな面もあった作曲家が、突如として激しい怒りに満ちた音楽を書くようになったのだ。音楽がまるで哲学や文学のように弁証法的発展を遂げ、深い精神性まで内包するようになった。その最初の代表的な曲が作品番号五五番目にあたる「エロイカ」である。

「エロイカ」は交響曲としても画期的だった。それまで交響曲というのはせいぜい二十分か三十分程度のもので、しかもコンサートでは各楽章をばらばらに演奏されることさえあった。ところが「エロイカ」は第一楽章だけで（繰り返しを入れると）約二十分、第二楽章も十五分以上はかかり、全曲演奏すると一時間近くに及ぶ。おそらく当時の聴衆の度肝を抜いたことだろう。第二楽章に「葬送行進曲」を入れたのも初めての試みだったし、第三楽章がそれまでの通例だった優雅なメヌエット（四分の三拍子の舞曲）ではなく激しいスケルツォ（三拍子の諧謔曲《かいぎやくきよく》）なのも珍しい。そして終楽章は巨大な変奏曲で締めくくる。すべてが斬新としか言いようがない凄まじい曲だ。

この曲以後、ベートーヴェンは、運命と激しい闘争を繰り広げて勝利するという、まるでドラマのような曲を次々と生み出していく。これ以降の十年の間に生み出された名作群を、フランスの文豪ロマン・ロランは「傑作の森」と呼んだ。まさに「エロイカ」こそ、ベートーヴェンが真に偉大な芸術家となるべく第一歩を記した記念碑的な交響曲である。

「エロイカ」がナポレオンに捧げようとして作曲されたのはよく知られている。この曲が作られる十五年前、フランス革命が起こってヨーロッパで初めての共和国が誕生した。近隣の王国は革命の波が及ぶことを恐れ、連合軍を組織してフランスの共和政府を潰そうとした。それに立ち向かったのがナポレオンである。彼はフランス軍を率いて連合軍を撃破してフランスを守り抜いた。オーストリアの首都ヴィーンに住んでいたベートーヴェンは、祖国の敵であるナポレオンを尊敬し、音楽で彼の偉大さを讃えようとした。しかし完成直後、ナポレオンが皇帝になったというニュースが飛び込んだ。共和国の守り神であったはずの男が王になったことに失望したベートーヴェンは、「ボナパルトに捧ぐ」と書かれた文字をペンでぐしゃぐしゃに消し、代わりに「ある英雄の思い出に」と書き、イタリア語で「シンフォニア・エロイカ」と記した。余談であるが「エロイカ」という言葉は「英雄的な」を意味する「エロイコ」の女性形である。これはシンフォニアが女性名詞であることから語尾変化したものである（音楽においては女性形にするという慣習がある）。今日、この曲が「英雄」とよばれるのはそのためである。ちなみに、自筆譜の表紙は現存していて、ベートーヴェンがペンで書き消した部分の紙が破れている。いかに彼の怒りが激しかったかが想像できる。

「エロイカ」にはベートーヴェンのすべてが含まれていると言っても過言ではない。理想、夢、闘争心、悲しみ、愛情、そして芸術というものに対する絶対的な尊敬がここにある。

私は今でも自らを奮い立たせたいと思う時には、「エロイカ」をかける。この曲を聴けば、芸術家としてどう生きるべきかをベートーヴェンに教えられる気がするからだ。そして、渾身の作品に取り掛かる時もまた「エロイカ」を聴く。『海賊とよばれた男』（講談社文庫）のクライマックスである「日章丸事件」を書いている時には、仕事場のスピーカーからはずっとこの曲が流れていた。

ヴィーン・フィルの覚悟の演奏

「エロイカ」の名盤は多い。私の愛聴盤はヴィルヘルム・フルトヴェングラーが第二次世界大戦中にヴィーン・フィルハーモニー管弦楽団を指揮した演奏である。フルトヴェングラーはナチスと敵対しながらもドイツに踏みとどまり、自らの命を賭して、国民に音楽を通して勇気を与え続けた偉大な指揮者だが、この演奏はドイツの敗色がもはや決定的となっていた一九四四年の一二月に行なわれたものである。おそらくラジオ放送のために録音された聴衆なしのスタジオライブだが、ここに繰り広げられている演奏は「凄絶《せいぜつ》」としか言いようがない悲劇的な響きに満ちている。当時はヴィーンも連日にわたって空襲され、演奏家たちもいつ死ぬかわからない状況下に置かれていた。今まさに滅びゆこうとしている祖国を前にして、この演奏が生涯最後の演奏となるかもしれないという中で、フルトヴェングラーとヴィーン・フィルの団員たちが悲痛な覚悟で演奏しているのが聴き取れる。

フルトヴェングラーは戦後、同じヴィーン・フィルを指揮してスタジオ録音（五二年録音）している。四四年盤に見える悲壮感はないが、明るい響きを持つ壮大な演奏である。この演奏も素晴らしい。

他にもエフゲニー・ムラヴィンスキーのレニングラード・フィルハーモニー管弦楽団（六八年）、アルトゥーロ・トスカニーニ指揮のNBC交響楽団（五三年）のライブ演奏も見事だ。ただし前出のフルトヴェングラー盤を含めてこれらはすべてモノラルで、しかも音が悪く、同時に厳しすぎる演奏なので、初めてエロイカを聴くという人にはお薦めしにくい。

ステレオだと、サー・ゲオルグ・ショルティ指揮のシカゴ交響楽団がいい。「これぞエロイカ！」と言いたくなるようなスケールの大きな演奏だ。朝比奈隆の各種ある演奏も懐《ふところ》が大きい。最近ではクリスティアン・ティーレマン指揮のヴィーン・フィルの演奏がいい。

流行のピリオド楽器（作曲当時の楽器）による演奏なら、ジョルディ・サヴァール指揮ル・コンセール・デ・ナシオンの演奏を第一に推す。きびきびとした小気味いいテンポで進むこの演奏を聞くと、ベートーヴェンが生きていた当時、初めてこの曲を耳にした聴衆の衝撃が想像できるような気がする。

最後に十九歳の私にベートーヴェンの魅力を教えてくれたヘルベルト・フォン・カラヤンが指揮するベルリン・フィルハーモニー管弦楽団の演奏（六二年録音）もやはり名演だ。個人的には一〇種類近くあるカラヤンの「エロイカ」の中で一番のお気に入りである。

第二曲

完璧な音楽

バッハ「平均律クラヴィーア曲集」

モーツァルトの作風を変えた「ピアノの旧約聖書」

「バッハは小川ではなく大河だ」と言ったのはベートーヴェンである。バッハ（Bach）という綴りはドイツ語で「小さな川」を意味することから言った洒落《しゃれ》であるが、今日「音楽の父」と言われる大バッハことヨハン・セバスチャン・バッハ（一六八五—一七五〇）も、当時は半ば忘れさられようとしている作曲家だった。それだけにバッハの凄さを実感していたベートーヴェンはさすがと言える。

バッハの音楽には大きな特徴がある。それはポリフォニー（多声音楽）に徹して作曲して

お薦めの１枚

■ピアノ：フリードリヒ・グルダ
■1972〜73年録音
■MPS
規格品番：MSW0300650

行する音楽である。

いたことだ。クラシックに馴染みのない方はポリフォニーといってもわからないかもしれないが、乱暴に言ってしまえば、二つ以上のメロディー（この場合、声部という）が同時に進行する音楽である。

ポリフォニーの対極がホモフォニー（和声音楽）である。ホモフォニーはこれまた乱暴に言えば、伴奏の上に一本のメロディーがある音楽だ。ものすごく沢山の音があっても、旋律が一つで、それ以外の音は伴奏であったりベースであったりするのは基本的にホモフォニーである。ちなみに今日のポップスのほとんどがホモフォニー音楽である。この二つの音楽をドラマに喩えると、ポリフォニーは、多くの登場人物が複雑に絡み合う物語。一方、ホモフォニーは、主役が一人いて、それ以外の登場人物は脇役という物語だ。

ところで、ポリフォニー音楽は聴き取るのにちょっとした訓練が必要になる。特に現代のホモフォニー音楽に慣れた人には、複数のメロディーを同時に耳で追うのはなかなか難しい。実はこれはバッハの時代も同じで、しかもこの時代はホモフォニーであるバロック音楽が全盛を極めていた。一七〇〇年頃には既にポリフォニー音楽は古臭くて、やたらアカデミックで難解なものとして一般の人々から敬遠されていたのだ。

しかしバッハはポリフォニーこそ真の音楽だという信念を持っていたように思う。彼は時代に背を向け、ひたすら自らの信ずる音楽を書き続けた。ゆえにバッハは同時代の人々からは受け入れられず、彼の死と共にその名も忘れられ、多くの楽譜が散逸した。

バッハの死から三十二年後、当時、天才の名をほしいままにしていた二十六歳のモーツァルトが、ある楽譜収集家のライブラリーで、古い楽譜を見つけた。「二四の前奏曲とフーガ」（全二巻）と名付けられたその楽譜を眺めているうちに、モーツァルトは愕然とする。なぜならそこにはこれまで見たことがないとんでもない音楽が書かれていたからだ。「自分には書けない音楽はない」と父への手紙に自信溢れる言葉を書いていたモーツァルトは、この音楽をも自分のものに取り入れようとする。その証拠にこの時期の彼の曲には、バッハのようなフーガおよびポリフォニーを目指した曲が目立つ。しかしそれらの多くは失敗に終わり、また未完に終わったものも少なくなく、彼はついにその世界に向かうのを断念する。しかしバッハとの出会いは、ホモフォニックだった彼の音楽に大きな変化をもたらし、晩年のポリフォニックな傑作を生み出した元となった。

天才モーツァルトの作風まで変えてしまったこの曲こそ、今日「平均律クラヴィーア曲集」と呼ばれているバッハの代表作の一つである。十九世紀の大ピアニスト、ハンス・フォン・ビューローによって「ピアノの旧約聖書」と名付けられ、今でもその形容句が使われる。ちなみに「ピアノの新約聖書」と呼ばれているのはベートーヴェンの三二曲のソナタだ。

ところでこの曲のタイトルになっている「平均律」という言葉だが、平均律の話を本格的にすると本一冊くらい必要になるから、ここでは思い切り乱暴に説明する。音というのは周波数が倍になると一オクターブ上がる。ピアノはそこに八つの白鍵と五つの黒鍵があるが、昔はクラヴィーア（鍵盤楽器の総称）を調律する時は、和音が美しく響くように純正律という調律法を用いていた。これはドミソの周波数の比率がきっちり整数比になる。ところが、この調律法だと自由に移調や転調ができない。純正律で調律すると、弾ける調性が限られてくるのだ。そこで和音が汚く濁ってもいいから、一台の鍵盤楽器ですべての調性が弾けるようにと調律されたのが「平均律」だ。

今日、私たちが聴いているクラシックもポップスもすべて「平均律」の音である。だからもしタイムマシンで十八世紀の音楽家を現代に連れてきて、ピアノを聴かせたら、「和音が濁っている！」と言うだろう。でも私たちは現代のピアノを聴いても和音が濁っているとは思わない。私たちの耳は濁った和音に慣らされてしまっているからだ。この「平均律」という考え方が導入され始めたのは、バッハの時代である。彼が用いた調律法はよくわかっていないが、現代の平均律にかなり近かったのではないかと言われている。

最高のピアニストたちがひれ伏す練習曲

バッハはこの曲を十一歳の息子フリーデマンのクラヴィーア練習のために作曲した。同時に二四の長調と短調の調性感覚を身に付けさせるためと、ポリフォニーを学ばせるために、すべての調性のフーガを書いている。

フーガ——バッハのフーガ！　音楽史上最も優れたフーガを書いたこの作曲家は、基本的に三〜五声でフーガを作曲した。たとえば四声フーガだと、四つのメロディーが同時に演奏される。ご存知のように人間の手は二本しかない。この二本の手で四つのメロディーを同時に演奏していくのだ。テクニックはもちろんのこととして、演奏者の頭の中には四つのメロディーラインが完全に入っていないと演奏できない。バッハ以外にもフーガを書いた作曲家は多いが、バッハのフーガほど、大胆かつ繊細で深い精神性も内包した曲はない。まさしく「完璧な音楽」と言っていい。モーツァルトをして心底震えさせた凄味がここにある。

現代でも、世界最高峰のピアニストたちが、真剣にこの曲に挑む。現代を代表するピアニストである、マウリツィオ・ポリーニもヴラディーミル・アシュケナージもダニエル・バレンボイムも、いずれも五十歳を超えるまで、この曲をレコーディングしなかった。三百年も前の作曲家が幼い息子の練習曲として書いた曲が、二十世紀最高のピアニストたちをひれ伏させるのだ。何という作曲家であろうか！

またこの曲は有名なジャズ・ピアニストのキース・ジャレットやＭＪＱ（モダンジャズカルテット）のジョン・ルイスもレコーディングしている。

私はこの曲を三十年以上も聴いているが、いまだに聴き尽くせたとはとても言えない。聴けば聴くほどに深みが見えてきて、その広がりは無限かとも思えるほどだ。もっともカナダの鬼才ピアニスト、グレン・グールドは「フーガの偉大さに比べれば、前奏曲は取るに足りない」という意味のことを言っているが、私は前奏曲も大好きだ。第一巻一番のハ長調の前奏曲などは、素晴らしい世界（曲集）へと誘うまさしく「全曲の前奏曲」だ。この曲は後にシャルル・グノーが「アヴェ・マリア」に編曲したことで、多くの人にも知られている（ただし少し版が違う）。ちなみにこの曲は、ピアノが弾けない私の数少ないレパートリーの一つだ。息子のクラヴィーア練習用に書かれた曲集であるが、もしかしたら最初の前奏曲は特別に易しく書いたのかもしれない。

「平均律クラヴィーア曲集」の中で、私が最も好きな曲は、第一巻の最後を飾るロ短調のフ

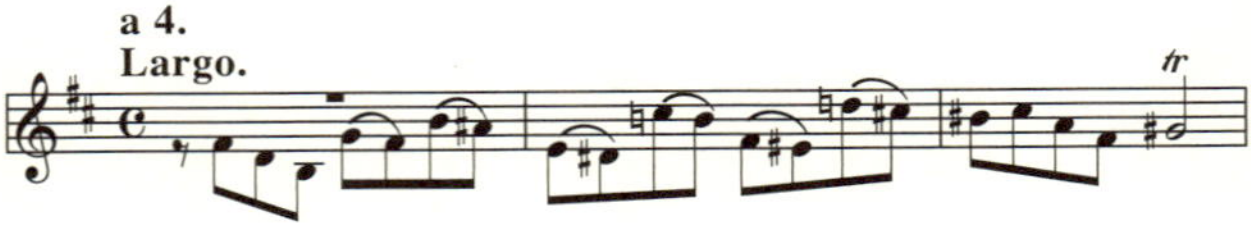

ーガだ。このフーガ主題には一オクターブの中のすべての音（七つの白鍵、五つの黒鍵）が使われている。上に楽譜を載せているので、手元にピアノがあれば是非弾いてほしいのだが、初めてこのメロディーを聴く人は驚くに違いない。なぜなら奇妙な現代音楽のように聴こえるだろうからだ。この旋律は厳密にはロ短調だが、凄まじいばかりに半音階が使われていて、ほとんど無調性のように聴こえる。二十世紀初めにアルノルト・シェーンベルクが発見したドデカフォニー（一二音技法）は、オクターブの一二の音をすべて使って一切の調性を持たない旋律法で、音楽史上に残る画期的な発見と言われている。ところがバッハは約二百年も前にその一歩手前まできていたのだ。

これは私の想像にすぎないが、おそらくバッハはドデカフォニーの原理を知っていたのだと思う。しかしドデカフォニーだけでは美しい音楽にならないことも同時に知っていた。だからこそ、その一歩手前で踏みとどまったのだ。

私は若い頃、携帯電話の着信にこの主題を電子音で打ち込んで入れていたことがある。この着信音を聴いた人は例外なく、「何、その気持ち悪い音楽は？」と訊いた。中には「百田さんが無茶苦茶に打ち込んだ音？」と聞く者もいた。

私はその反応を聞くたびに、バッハの持つ音楽の凄味は誰でも感じることができるのだなと思って、一人ほくそ笑んだ。

余談であるが、一九七七年に地球外生物へ向けて宇宙へ送ったボイジャーには、人類の偉大な音楽遺産を録音したレコードが積み込まれたが、この中に第二巻のハ長調の前奏曲とフーガの演奏が収められている（演奏はグレン・グールド）。

颯爽としたグルダ、やや作為的なグールド

「平均律クラヴィーア曲集」はそもそもチェンバロのために書かれた曲だが（バッハの時代にはピアノがなかった）、今日、多くのピアニストがピアノで演奏している。個人的な好みを言えば、バッハのクラヴィーア曲は、表現力豊かな現代のピアノで演奏するほうがより一層魅力的だと思っている。

私の一番のお気に入りはフリードリヒ・グルダの演奏である。比較的乾いたタッチで颯爽と弾きながら、ポリフォニックな魅力もたっぷり出している。

世評に高いグレン・グールドの演奏は、面白いことは面白いが、いささか作為的な部分も少なくない。しかしフーガの演奏はさすがである。ここで彼はピアノでチェンバロ的な音を

出そうと、スタッカート（音を一音一音切って演奏する奏法）に近い音を出している。スヴャトスラフ・リヒテルの演奏はバッハの中にあるロマンチシズムな魅力をとことん引き出したような演奏で、グールドとは対照的にレガート（音を滑らかにつなげる奏法）で弾いている。これは夢幻的とも言える魅力に満ちている。

古いところではエトヴィン・フィッシャーの演奏も魅力的だ。録音されたのは一九三〇年代でありながら、グールドを先取りしているかのような現代的な感覚に満ちている。ただし音は恐ろしく悪い。

他にもタチアナ・ニコラエヴァ、ロザリン・テューレック、ヴラディーミル・アシュケナージ、ダニエル・バレンボイムなどの演奏も素晴らしい。変わったところでは、即興演奏で知られるジャズ・ピアニストのキース・ジャレットも弾いているが、演奏そのものはわりと平凡である。

チェンバロ演奏なら、グスタフ・レオンハルト、ヘルムート・ヴァルヒャが素晴らしい。生涯をバッハに捧げた演奏家ヴァルヒャは、幼い頃に失明し、その後、驚異的な努力でオルガンを含むバッハの膨大な鍵盤音楽をすべて記憶し、それらを全曲演奏した驚くべき鍵盤音楽家である。その演奏に耳を傾けると、バッハへの深い想いが伝わってくる。

第三曲

モーツァルト「交響曲第二五番」

天才がふと見せた素顔

お薦めの1枚

■オットー・クレンペラー指揮
■フィルハーモニア管弦楽団
■1956年録音
■ワーナーミュージック・ジャパン
規格品番：WPCS-51173

突然変異のような暗く、異様な曲

音楽史上で最高の天才少年はヴォルフガング・アマデウス・モーツァルト（一七五六―一九一）と言っても異論の声は上がらないだろう。五歳で作曲をし（現在では第二次世界大戦後に発見された「クラヴィーアのためのアンダンテ・ハ長調」が最初の曲とされている）、八歳で最初の交響曲 K《ケッヘル》16を書いた。

「所詮は子供にしては上手いレベルではないか」と思う人がいるかもしれないが、それはとんでもない間違いだ。十二歳の時に作ったオペラ「バスティアンとバスティエンヌ」を聴けば、それがわかるだろう。オペラのストーリーは他愛ない恋物語だが（台本作家は別人）、全編、音楽が躍動し、恋の喜びと切なさが溢れている。現代で言えば小学校六年生の子供が書ける音楽ではない。ちなみにこの曲の序曲の主題「ドーミドーソ」は、後にベートーヴェンが「エロイカ」のテーマに拝借したとも言われている。私はこの曲を知らないクラシックファンの友人にたまに聴かせるのだが、「エロイカ」にあまりにもそっくりで、皆びっくりする。

十三歳の時にイタリア旅行をした際、ローマのシスティーナ礼拝堂で門外不出の合唱曲「ミゼレーレ」（グレゴリオ・アレグリ作曲）を聴き、宿に戻ってその全部を楽譜に写してしまったエピソードは有名だ。ちなみに「ミゼレーレ」は九声の合唱曲。つまり九つの異なった歌が同時に歌われる。曲の長さは約十分。これを一度聴いただけで、宿に戻ってからすべて記譜するなど、もはや人間業《にんげんわざ》を超えた凄まじい能力と言える。

そして十七歳の時に「交響曲第二五番」という傑作を書く。

この曲はト短調で書かれているが、これはモーツァルトが初めて書いた調だ。実は彼にとって短調そのものが非常に珍しいものだった。ちなみにモーツァルトはこの曲を書くまで一八〇曲あまりの曲を書いているが、その中に短調は四曲しかない。しかもそれらは短調ではあるが、それほど暗い音楽ではない。言うなれば、ちょっとセンチメンタルな雰囲気が漂うといったものだ。

ところが第二五番の交響曲で、モーツァルトは突如として暗く悲劇的な響きに満ちた音楽を書いたのだ。第一楽章、いきなり悲痛な叫びのような和音が響き、駆け上がるようなパッセージが更に緊迫感と悲劇性を煽《あお》る。クラシックをあまり聴かない人でも、この部分を耳にするだけで、ただごとならぬ異様さを感じることができるだろう。

ミロス・フォアマン監督の傑作映画『アマデウス』のファーストシーンで、元宮廷楽長のサリエリが喉《のど》を切って血まみれになったところに流れるのはこの冒頭部分だ。風雲急を告げる不気味なオープニングに、曲が見事なまでに合致している。まるでこの場面のためにサウンドトラックとして作られたのかと思うほどだ。

第二楽章以降では悲劇性は薄れるが、それでも全曲を暗い影が覆う。余談だが、若きベートーヴェンが満を持して世に問うた「ピアノソナタ第一番」の主題は、「交響曲第二五番」の冒頭の駆け上がるパッセージに酷似している。いかにベートーヴェンがこの曲の持つ劇的な力に影響を受けていたかがわかる。ちなみにベートーヴェンの曲の中にはモーツァルトの曲の中にある主題が形を変えて使われていることが多い。

ところで、モーツァルトが短調をほとんど書かなかった理由は、当時の聴衆は短調の曲を喜ばなかったからだ。彼は常に聴衆のことを考えていた。ベートーヴェンのように自分の理想とする曲を追い求める挙句、しばしば当時の聴衆の好みを無視するような曲作りは、モーツァルトは基本的にはやらなかった。彼は常に明るく軽快な音楽を書いてきた。しかしなぜか十七歳の時に書いたこの曲は、それまでの曲と雰囲気を一変させている。まるで突然変異のように現れた、暗く異様な曲なのだ。

当時の聴衆に嫌われた短調の傑作

そしてこれ以後、モーツァルトの交響曲が変わったのかと言えば、そうではない。この後、彼は何事もなかったかのようにまた明るく軽快な曲を書き続けるのだ。すると、今度はまた別の不思議な思いにさせられる。いったいあれは何だったのか、と。そう、まるで普段明るく陽気な友人が、ふと暗く怖い表情を見せるのにも似た不気味さを感じるのだ。

現実に似たようなことがあると、私たちはふとこう考える。彼の本当の顔は実はこういう顔で、普段見せている顔は見せかけの顔なのではないのか、と。そしてモーツァルトに対しても同じ気持ちにさせられるのだ。

モーツァルトに短調の曲が増えてくるのは、実はこのずっと後、二十六歳くらいからだ。それはちょうど彼が作曲家として円熟期を迎えてきた頃でもある。同時にずっと父親に管理されていたモーツァルトが自由に（自分の好きなように）作曲を始めた頃でもあった。

興味深いデータを示そう。二十六歳までにモーツァルトは四〇〇曲余りの曲を作っているが、その中に短調は八曲しかない。出現率は二パーセント。しかしその後死ぬまでの十年間に作った二六〇曲余りの中に短調は二九曲もある。なんと出現率は一一パーセントで、それ以前の五倍以上になっている。そしてこの後期の短調の曲は例外なくとてつもない傑作なのだ。「交響曲第四〇番」（ト短調）、「ピアノ協奏曲第二〇番」（ニ短調）、同「第二四番」（ハ短調）、「弦楽五重奏曲第四番」（ト短調）、「ピアノソナタ第一四番」（ハ短調）、「ピアノのための幻想曲」（ハ短調）と、短調の曲にはモーツァルトを代表する名作が目白押しなのだ。そして彼の最後の曲、未完の傑作、「レクイエム」もまた短調（ニ短調）である。

ところがこれらの曲の多くは当時の聴衆には受け入れられなかった。いや、むしろ嫌われたと言ってもいい。にもかかわらず、モーツァルトがそうした音楽を書いたということは、彼が自身の創作欲求に捉われて聴衆のことを忘れていたということなのかもしれない。

ただ、その代償は大きかった。彼が短調の曲を書くようになってから、人気は急速に落ちていったのだ。もちろん人気凋落《ちょうらく》の原因はそれだけではないが、当時の聴衆がモーツァルトを「不気味な音楽を書く作曲家」と見做《みな》したのはやはり大きいと思う。彼に英才教育を施し、一番の理解者であった父レオポルト（彼自身も音楽家）もまた、円熟期を迎えた息子の音楽を理解できなくなっていた。何度も息子への手紙で、「なぜ、そんな曲を書くのか?」という意味のことを書いている。

レオポルトは息子の才能がおかしな方向へ進んだと思い、当時の音楽界の大長老の作曲家ハイドンに相談している。ハイドンはレオポルトにこう答えている。「神にかけて言いますが、あなたの息子は私の知る限り、最高の音楽家です」と。ただ残念ながらレオポルトはこの言葉を額面通りに受け取ることができなかったようだ。しかしこのことで彼を責めるのは酷というものだ。モーツァルトの音楽は同時代のはるか先へ進んでいたからだ。

その音楽の本当の凄さを認めていたのは、ハイドンはじめ一部の音楽家だけだった。モーツァルトの十四歳年下のベートーヴェンもその一人だ。彼はモーツァルトのピアノ協奏曲の二つの短調の曲（全二七曲の中で短調はこの二曲だけ）を非常に高く評価していた。第二〇番（ニ短調）にはカデンツァ（ピアニストがソロで弾く部分）をわざわざ書いているほどだし、また二四番（ハ短調）の主題に非常によく似たテーマで、同じハ短調のピアノ協奏曲

（第三番）を書いている。それにしても若き日のベートーヴェンはモーツァルトの音楽から相当の影響を受けている。

とにかく、この二つの短調のピアノ協奏曲はモーツァルトが自己の才能をすべて注ぎ込んで書いたと思われるような凄まじい大傑作であるが、残念ながら当時の聴衆には受けなかった。

こうして天才モーツァルトは同時代の人々からは評価されなくなり、やがては悲惨な晩年を迎え、貧困のうちに三十五歳の若さで命を失うのだが、私は、彼が十七歳の時に作った第二五番の交響曲を聴くたびに、この曲の中に十年後に始まる人気の凋落の萌芽を見るような気がしてならない。

モーツァルトは生涯で交響曲を五〇曲あまり作っているが（数え方は諸説ある）、そのうち短調の曲は、この第二五番と亡くなる前年に作った第四〇番の二つしかない。第四〇番はモーツァルトの最高傑作の一つとして知られ、おそらく今日、彼の交響曲で一番人気がある曲だろう。小林秀雄の名高いエッセイ『モオツァルト』の冒頭は、この曲の終楽章の話から始まる。

面白いのはこの二つの短調の交響曲がともに「ト短調」ということだ（第四〇番との比較

で第二五番は「小ト短調」と呼ばれることもある）。その意味でも、第二五番はまるで彼自身の晩年を予感させると同時に、先取りしている曲でもある。十七歳という青春真っ只中にあり、しかも人気絶頂の中で、突如それまでの明るい作風を一変させ、魂が泣き叫ぶような曲を書いたモーツァルト。ちなみにこの曲は二日で作曲したと言われている。まさしく一気《いっき》呵成《かせい》に書き上げたのだ。

私はこの曲にはモーツァルトの本当の心が現れているような気がする。喩えてみれば、ふだんは地底の奥深くに眠る熱いマグマが突然の噴火と共に噴出するかのようだ。我々が美しい緑の山と思っている山は決してそうではなかったのだ。

流行など関係ないクレンペラーの名盤

交響曲第二五番は晩年の交響曲と比較すると録音が少ない。その中で私が好きなのはオットー・クレンペラー指揮のフィルハーモニア管弦楽団の演奏だ。約半世紀前の録音だが、これほど凄絶な演奏もちょっとない。近年、モーツァルトの初期の曲はピリオド楽器（楽曲が作られた当時の楽器）を使った小編成のオーケストラで演奏されることが多いが、クレンペラーはモダン楽器による大オーケストラを用いて演奏している。現代においては時代遅れとも言えるアプローチであるが、この曲の持つ悲劇性を見事に捉えている。真実の前には時代の流行など関係がない。

カール・ベーム指揮のベルリン・フィルハーモニー管弦楽団の演奏も骨太で素晴らしい。ブルーノ・ワルター指揮のコロンビア交響楽団の演奏は古き良きヴィーンの香りが漂う。録音の新しいところでは、ジェームズ・レヴァイン指揮のヴィーン・フィルハーモニー管弦楽団の演奏がいい。

ピリオド楽器による演奏では、クリストファー・ホグウッド指揮のエンシェント室内管弦楽団の演奏、トレヴァー・ピノック指揮のイングリッシュ・コンサートの演奏がお薦め。トン・コープマン指揮のアムステルダム・バロック管弦楽団は斬新で面白い。

ちなみに映画『アマデウス』に使われた録音は、サー・ネビィル・マリナー指揮のアカデミー・オブ・セント・マーティン・イン・ザ・フィールズによる演奏だ。これも名演である。

第四曲

ラフマニノフ「ピアノ協奏曲第二番」

当初酷評を受けた、二十世紀を代表する名曲

名画『逢びき』のもう一人の「主役」

　これまでの三曲はいずれも正統派クラシックともいうべき十七〜十八世紀の作曲家を取り上げてきたが、今回は一気に時代を下って二十世紀の名曲を取り上げたい。セルゲイ・ラフマニノフ（一八七三―一九四三）の「ピアノ協奏曲第二番」である。

　ラフマニノフは同時代には作曲家としてよりもピアニストとして有名であった。演奏家史上に残るヴィルトゥオーソ（完璧な技巧を持った演奏家に対する称号）で、そのテクニックは無類だった。身長二メートルを超える大男であり、巨大な手は一二度を楽々と押さえるこ

お薦めの１枚

■ピアノ：スヴャトスラフ・リヒテル
■スタニスラフ・ヴィスロツキ指揮
■ワルシャワ国立フィルハーモニー管弦楽団
■1959年録音
■ユニバーサル ミュージック
規格品番：UCCG-90471

とができた（ドと一オクターブ上のソの音を同時に弾くことができた）。またピアニスト中村紘子《ひろこ》氏の本（『チャイコフスキー・コンクール』）によると、彼は手の関節が異常なほど柔らかく、右手の人差指、中指、薬指でドミソを押さえ、小指で一オクターブ上のドを押さえた状態で、親指を四本の指の下をくぐらせてミの音を押さえることができたという。ピアノが家にある人は一度やってみるとわかるが、絶対にできない！

ラフマニノフは一八七三年にロシアの貴族の家に生まれ、十代の頃にチャイコフスキーに認められ、モスクワ音楽院を首席で卒業している。将来を嘱望《しよくぼう》されていたが、ロシア革命でヨーロッパに亡命し、その後アメリカに渡り、一九四三年に六十九歳でビバリーヒルズで亡くなっている。

ピアノ協奏曲第二番は一九〇一年、二十世紀の幕開けの年に作曲された。甘くロマンチックな曲は聴衆に受け入れられて人気を博した。しかし同時代の音楽評論家や作曲家らの評価は低かった。当時の「クラシック音楽界」は無調からドデカフォニー（十二音技法）の時代を迎えていた。最先端を行く「現代音楽家」たちから、ラフマニノフの「ピアノ協奏曲第二番」は「アナクロニズム（時代錯誤）の極致」「前世紀の遺物」と嗤《わら》われた。

たしかに美しいメロディーを主体にした、センチメンタリズムが満載のこの曲は、ムード音楽と貶(けな)されても仕方がないような一面も持っていた。しかしこの曲はそこにこそ素晴らしい魅力がある。その証拠に、偉大な映画監督たちがその魅力を理解し、映画に取り入れることによって、絶大な効果を上げている。

実は私がこの曲を初めて知ったのは、イギリス映画『逢びき』（一九四五年製作）の中である。『アラビアのロレンス』『戦場にかける橋』でも知られる巨匠デヴィッド・リーンが三十代の時に作った恋愛映画の傑作である。

平凡な人妻が妻子ある男性と恋に落ちて、別れるまでを描いたわずか数週間の物語で、今時のどぎついセックスシーンなどは皆無。キスシーンが数回あるだけ。もちろん二人は肉体的に結ばれることもない。それだけに、その恋は切なく、激しい。初めて観たのは十七歳の時だったが、その格調の高さと大人の恋の物語にいたく感動した。そして何よりも心を動かされたのは、全編に流れるラフマニノフのピアノ協奏曲第二番のメロディーだった。ただ当時はその曲がクラシックとは知らず、映画用に作られた曲だと思っていた。

オープニングのタイトルバックに、曲の冒頭が流れる。ピアノがピアニッシモで短調の物悲しい和音を奏でるが、やがてオーケストラが加わると、にわかに激しい音楽に変わる。まるでこれから起こる悲劇を暗示するかのように観客の不安を煽る。物語は停車場の喫茶室で妻子ある男と永遠の別れをした人妻が家に戻り、夫のいる居間で、恋人と過ごした数週間を回想するところから始まる。ここでヒロインはラジオをつけるが、この時ラジオから流れる音楽がラフマニノフのピアノ協奏曲第二番なのだ。そして映画のオープニングで流れた哀《あい》愁《しゅう》漂う旋律とともに回想シーンが始まる。このあと、映画ではヒロインの恋をした時の驚き、そして恋に落ちる陶酔、喜び、後悔、悲しみを、この曲のあらゆる部分を使って表現している。まさにこの映画のために作られたかと錯覚するほどだ。いやこの曲こそ、この映画のもう一人の主役と言ってもいいほどである。そしてこの映画のBGMではラフマニノフの「ピアノ協奏曲第二番」以外の音楽は一切使われていない。

私が特に印象を受けたのは、二人が恋に落ちる直前、ヒロインが彼に会えずにがっかりして、とぼとぼ駅のホームに向かっていた時に、走ってくる彼を見つけたシーンである。このときの音楽は「素晴らしい！」の一語に尽きる。ここで使われている音楽は第三楽章の終わりに近いところで、それまでの短調から一転して長調になり、ピアノとオーケストラが喜びを爆発させている。まさにこのシーンのヒロインの無上の喜びを音楽が見事なまでに代弁している。他にも、二人が初めてキスするシーンでは第一楽章再現部の最も悲劇的な盛り上がりを見せるところが使われている。今回、この拙文を書くにあたって『逢びき』を見直してみたのだが、音楽も映画もため息が出るほど素晴らしかった。

禁断の果実の甘さと、ほのかな性的な香り

ところでこの曲はもう一作、有名な映画にも重要なモティーフとして使われている。一九五五年にアメリカ映画の巨匠ビリー・ワイルダー監督が作った『七年目の浮気』である。マリリン・モンローが地下鉄の通風孔から吹き上がる風でスカートがめくれ上がるシーンで知られる名作である。天然ボケが入った可愛い女を演じさせれば最高の女優、モンローの代表作である（彼女自身はそんな役は嫌だったらしいが）。

この映画は、たまたま妻が子供を連れて避暑に出かけ、久しぶりに独身気分を味わっている結婚七年目になる中年サラリーマンが主人公である。同じアパートの上の階に色っぽいブロンド美女（モンロー）が引っ越してきたことで、男の浮気心がむずむずしてくるという大人のコメディーである（原題"The Seven Year Itch"を直訳すると『七年目のムズムズ』）。

映画の中で主人公は様々なエロチックな妄想にふけるのだが、そのシーンでこの曲の第一楽章の第二主題が使われている。甘美なメロディーをバックに、秘書、女性看護師、妻の友人たちが恋心を抑えきれずに主人公に想いを告げるのだ。極めつけは、自分の部屋に二階の

ブロンド美女を呼ぶ時のシーンである。彼女がセクシーなイブニングドレスでやってくる時の音楽は、第一楽章の冒頭である。『逢びき』のオープニングでも使われた同じ部分である。最高におかしいのは、男が想像の世界で自分の部屋にブロンド美女を呼び、この曲を弾いて聴かせるシーンだ。それを聴いた女はうっとりとし、「ラフマニノフ〜」と呟《つぶや》いた後、彼に体を預けてぐったりとなってしまうのだ。つまり彼はこの曲さえ聴かせれば、どんな女もたまらなくなって男に身を任せたくなると思い込んでいる。ワイルダー監督は、この曲にはそれだけの魔力があると信じているスノッブが多いという皮肉として使っているのだ。

しかし現実シーンでは、ブロンド美女にラフマニノフを聴かせても、彼女は退屈するだけで、男が望んでいた効果は何も起こらない。いかに名曲であろうとクラシックに縁も興味もない若い女性に聴かせても、何の効力も発揮しないという現実的なオチに描いている。

面白いのは、この二つの名作映画（かたやシリアス、かたやコメディー）がいずれも「不倫の恋」をテーマにしているところである。つまりラフマニノフの「ピアノ協奏曲第二番」という曲は、どこかそういう禁断の果実的な甘さ、爛熟《らんじゅく》の危うさ、そしてほのかに性的な香りのようなものを感じさせるのだ。少なくともリーン監督とワイルダー監督はその匂いを嗅ぎ取り、映画においてその効果を如何《いかん》なく発揮させた。

映画を離れて語ると、曲そのものはメランコリックで、過ぎ去った古き良き時代を懐かしむようであり、同時にムード歌謡か演歌のようでもあり、また一方でロシアの荒涼とした大地を連想させ、バーバリアン（野蛮）な魅力もふんだんにある。

今日、この曲は演奏会でも高い人気を誇り、二十世紀を代表する名曲と評価されている。存命中は同時代の評論家や作曲家たちに「前世紀の遺物」と陰口を叩かれ、亡くなった後も、音楽界の権威である『グローヴ音楽辞典』（一九五四年版）に「つくりものめいた大袈裟な旋律」「その人気は長く続かない」と酷評されたが、二十一世紀になり、その評価は完全に逆転した。今日では二十世紀最高の音楽家の一人と言われている。

なお、ラフマニノフは亡命後に作曲活動が著しく低下する。彼自身がそのことを友人に訊かれ、「もう何年もライ麦のささやきも白樺《しらかば》のざわめきも聞いていない」と答えている。ラフマニノフにとって、ロシアの自然と風土こそが作曲の源だったのかもしれない。

ロシア生まれ、リヒテルの歴史的名盤

ラフマニノフのピアノ協奏曲第二番の名演は多い。その中でも歴史的名盤と知られるスヴャトスラフ・リヒテルがスタニスラフ・ヴィスロツキ指揮ワルシャワ国立フィルハーモニー

管弦楽団のバックで弾いた演奏がやはり素晴らしい。ロシア生まれの二十世紀最高のピアニストが、祖国出身の作曲家の代表的な名曲を心を込めて弾いている。今日では古いスタイルとも言えるタメを効かせた演奏だが、感動の深さは並のピアニストからは味わえない。

他にはヴラディーミル・アシュケナージ（ピアノ）、アンドレ・プレヴィン指揮のロンドン交響楽団の演奏がいい。プレヴィンはミュージカル『マイ・フェア・レディ』の編曲家として有名だが、実はクラシック音楽の指揮者でもある。ヴァン・クライバーン（ピアノ）、フリッツ・ライナー指揮のシカゴ交響楽団の演奏も素晴らしい。

面白いところでは、レオポルド・ストコフスキーが指揮したフィラデルフィア管弦楽団をバックにラフマニノフ自身がピアノを弾いた演奏が残っている。一九二九年の録音で音は恐ろしく悪いが、歴史的に貴重な記録である。演奏は比較的すっきりとしたもので、この曲の持ち味の一つである濃厚なセンチメンタリズムを抑え気味なのが興味深い。

なお、映画『逢びき』に使われた演奏は女流ピアニストのアイリーン・ジョイスが映画のサウンドトラック用に演奏したもので（ミューア・マシスン指揮ナショナル交響楽団）、CDにはなっていない。

第五曲

ショパン「一二の練習曲集」

超絶技巧の演奏でなければ真価は味わえない

お薦めの１枚

■ピアノ：マウリツィオ・ポリーニ
■1972年録音
■ユニバーサル ミュージック
規格品番：UCCG-2002

「一二の練習曲集」は断じて練習曲などではない

さて、今回は「ピアノの詩人」フレデリック・ショパン（一八一〇―四九）でいこうと思う。世の女性たちにクラシック音楽作曲家の人気アンケートを取れば、ショパンは一番候補の一人だろう。

天才ピアニストと謳《うた》われながら、若くして不治の病である結核に罹患《りかん》、フランスの天才女流作家ジョルジュ・サンドとの劇的な恋と悲しい別れ、最期は祖国ポーランドに帰ることを夢見ながら三十九歳の生涯をパリで終える、という薄倖《はっこう》な人生もまた人気の秘密かもしれない。

ショパンは生涯にわたってピアノを偏愛した音楽家で、彼の書いた曲のほとんどはピアノ曲である。しかもそのかなりを占めるのは独奏曲で、名曲の宝庫であると言える。祖国ポーランドの民族舞曲であるマズルカ、甘いセンチメンタリズムに溢れたノクターン、超人気曲「英雄ポロネーズ」を含むポロネーズ、パリのサロンの雰囲気を彷彿《ほうふつ》とさせるワルツなど、クラシックファンでなくても、耳にすれば聴き覚えがある曲ばかりだ。

今回はその中で、二つの「一二の練習曲集」(「作品一〇」と「作品二五」)をご紹介したい。

練習曲と聞いて、多くの人は首を傾げるかもしれない。なぜショパンの曲を紹介するのに練習曲なのだと。いやいや、ちょっと待っていただきたい。タイトルに騙されてはいけない。この曲はショパンが持てる演奏技巧と音楽性のすべてを注ぎ込んで作った、彼の最高傑作と呼ぶにふさわしい名曲なのだ。「練習曲集」というタイトルのために、この曲はしばしば「ピアノのための練習曲の中でも最も難しい曲の一つ」と紹介されることもあるが、とんでもないことだ。これは断じて練習曲などではない。

ショパンの生きた時代はクラシック音楽では「ロマン派」と呼ばれる時代だが、同じ頃に活躍した作曲家たちは「古典派」のような形式に捉われない自由な曲作りをするのが特徴だった。ショパンと同い年のシューマンやリストはロマン主義によって詩的なイメージを膨らませて作曲し、しばしば自分の曲に文学的な標題（「ラ・カンパネラ（鐘）」「トロイメライ（夢）」など）を付けた。

ところが、ショパンは自作曲にそうした標題は一切付けなかった。有名な「英雄ポロネーズ」も「小犬のワルツ」も後世の人が名付けたものだ。ショパンはもしかしたら、曲のイメージを固定しかねない標題を嫌っていたのかもしれない。「作品一〇」と「作品二五」というとてつもない傑作に、敢《あ》えて「練習曲集」と名付けたのは、彼独特の皮肉と韜晦《とうかい》が見える。

すべてが宝石のような一二曲

「作品一〇」も「作品二五」もともに一二曲からなる曲集である。一曲はいずれも三分前後の小品で、二つの曲集を全部合わせると一時間ほどだ。

「作品一〇」の一番から凄い世界が展開される。左手が重いオクターブの和音を叩きつける中、右手が猛烈なスピードで鍵盤の上を駆け抜ける。単純と言えば単純な曲だが、一流のピアニストによって弾かれると、めくるめくような快感に襲われる。

二番もまた超難曲。ピアノなど弾いたことのない人でも、この曲を聴けば、恐ろしいテクニックで弾かれているのがわかる。

三番は有名な「別れの曲」だ。この名称で呼ばれるのは実は日本だけで、ショパンを描いたフランス映画の邦題を付けられた。海外では「Tristesse」(悲しみ)と呼ばれている。ショパン自身が「自分の作った曲の中で最も悲しいメロディー」と後に語ったほどの哀切きわまりない旋律だ。

四番はスーパーテクニックの見せどころの曲で、鍛え抜かれたクラシックのピアニストが本気で速く弾いた演奏を聴けば、ロックやジャズのピアニストが唖然とするのは間違いない。

五番の「黒鍵」は右手で奏でる旋律が一音を除いて、すべて黒鍵で弾かれるという奇怪な曲。ここにもショパンらしい遊び心が見える。

こんなふうに一曲一曲解説していけば、とてもページ数は足りないが、この「作品一〇」の一二曲は、そのすべてが宝石のような名曲だ。しかし最後にどうしてもこれだけは紹介を欠かせない名曲がある。曲集の掉尾《ちょうび》を飾る一二番の「革命」だ。この曲が作られたのは、ちょうどショパンが祖国ポーランドを離れてヴィーンからパリへ向かう途中だった。まさにその時、ポーランドは長い間支配されていたロシアに対して戦いを挑んだのだが（「十一月蜂起」）、悲しいことにロシアに鎮圧されたという報を聞いた。その戦いにはショパンの友人たちも参加していた。

悲憤の涙を流したショパンが、その感情をぶつけるように一気に書いたのがこの曲だと言われる。曲全体は激しく悲劇的で、まるでポーランドの怒りと悲しみが乗り移ったかのようだ。この曲を聴けば、誰しも革命に命を懸けた戦いの光景が目に浮かぶだろう。なお、この「革命」というサブタイトルは、ショパンと同世代のピアノの天才リスト（ショパンの一年年下）が名付けた。これは見事なネーミングだと思う。

この「革命」を終曲として、「作品一〇」は幕を閉じる。ちなみにこの曲集はリストに捧げられている。「作品二五」は「作品一〇」の四年後に出版された。この一二曲はどれも素晴らしいが、特にラストの二曲、一一番（「木枯らし」）、それに一二番が最高に素晴らしい。一二番は「革命」に匹敵するほどの名曲だ。

神がかったポリーニのテクニック

ところで、この二つの「練習曲集」はピアニストを選ぶ曲でもある。私には基本的に「決定盤趣味」はない。決定盤趣味とは、「この曲の演奏はこのCDに限る」とランク付けする嗜好のことだ。クラシック音楽の出版社はよく評論家を集めたアンケートでランキングを作成して本にする。有名な評論家の中には、決定盤を決めることをライフワークにしているかのような人もいる。同曲異演の聴き比べはクラシックマニアの楽しみの一つでもあるが、同時に危険な罠でもある。いろいろと聴き比べて「この演奏が最高だ」と思い込むのはいいが、下手をすると「これ以外の演奏は認めない」という狭い考えに陥ってしまうのだ。私も若い頃は理想的な演奏を求めて何枚も聴き比べた。しかし年を経て「名曲は誰が演奏しても名曲」という境地に達した。少なくともレコード会社がCDに録音しようというだけの演奏家なら、何を聴いてもそれほど大きな違いがあるわけではない。

しかしショパンの「練習曲集」だけは、ちょっと様子が違う。これはスーパークラスのテクニックを持ったピアニストの演奏でなければ、その凄みと深さの真価は味わえない。同じショパンのワルツやノクターンなら、テクニックはさほどのピアニストでなくとも（と言っても、プロのピアニストは皆、一流のテクニックを持っているのだが)、抒情《じょじょう》性やロマンチシズムで聴かせることができる。マズルカやポロネーズも音楽性やリズム感に優れた名演奏はある。しかし「練習曲集」だけは超絶技巧で弾かれた演奏とそうでない演奏は、比べものにならない。

私が最右翼にお薦めするのがマウリツィオ・ポリーニの演奏だ。ショパンの祖国ポーランドの首都ワルシャワで五年に一度開かれる世界最高のピアノコンクール「ショパン・コンクール」において、一九六〇年に史上最年少の十八歳で優勝し、七十歳を超えた今も第一線で活躍するピアニストである。その時の審査員長のアルトゥーロ・ルービンシュタイン(ショパン弾きとして有名な大家)をして「私を含めて、ここにいる審査員の中に、この少年よりも上手くピアノを弾ける者は誰もいない」と言わしめたほど、そのテクニックは完璧無類だった。

一躍スターダムに躍り出たポリーニだが、ショパンのレコードを一枚録音しただけで、第一線から退《しりぞ》いてしまった。その理由は「もっと素晴らしい演奏家になりたいので、音楽を勉強したい」というものだった。こうしてポリーニは楽壇の表舞台から去った。

十年の時が流れ、クラシックのピアノ界でも次々に新しいスターが誕生し、彼は完全に忘れられた存在になった。ところが一九七一年にポリーニは突如、超難曲として知られるストラヴィンスキーの「ペトルーシュカ」のレコードで再デビューをした。驚異的なテクニックで弾かれたこのレコードは世界のクラシックファンを驚愕させた。そしてポリーニが次に世に問うたのが、ショパンの「練習曲集」だった。

この演奏はもう神がかっていると言っても過言ではない。「作品一〇」の一番の右手のアルペジオは煌《きら》めくような演奏で、まるで音が光を放っているようにさえ思える。

彼の凄さは単に速いだけではない。速いだけならもっと速いピアニストはいる。ポリーニの場合はすべてが完璧なのだ。どれほど超スピードで弾いても粗さは一切ない。すべての音がまるで計ったように揃えられている。しかもどこまでも澄み切った透明感のある音なのだ。まさしく空前絶後の演奏だ。

このレコードが発売された時、帯に「これ以上何をお望みですか?」というコピーが書かれてあったが、その言葉がまったく大袈裟ではない演奏だった。レコード盤というのは実は針を通すたびに盤が削られ、厳密に言えば音が劣化する。私はこのレコードの素晴らしい音が僅かでも劣化するのが惜しくて、特別の時にしか聴かなかったほどだ。それくらい輝かしい音だった。

ポリーニの演奏のあまりの完璧ぶりに、一部の音楽評論家たちは「機械のようだ」「冷たい」「音楽性が感じられない」という非難をしたが、笑止と言わざるを得ない。日本の評論家は、巨匠と呼ばれる大家が、音が揃わなかったり、和音が乱れたり、テンポが揺れたりする演奏を、「芸」とか「味わい」とか言って尊ぶ癖があるが、おそらく「わび、さび」と勘違いしているのだろう。

この演奏の欠点をあえて挙げるとすれば、あまりにも聴き手に集中力を要求するために、のんびりした気分では聴けないところだ。全曲を聴き終えた後は軽い疲労感さえ覚えるほどだ。

ところで最近、ポリーニがショパンコンクール優勝直後に録音した「練習曲集」全曲CDが発売された。なぜか半世紀以上世に出なかった幻の録音だが、これも凄まじい演奏である。

ポリーニに並ぶ名盤と言われているのがヴラディーミル・アシュケナージで、このCDも最高級の演奏である。テクニック的にはポリーニの方がやや上だが、アシュケナージの演奏にはポリーニにはない温かみがある。

他の演奏では、エリソ・ヴィルサラーゼ、マレイ・ペライア、スタニスラフ・ブーニンなど、魅力的なCDはいくつもあるが、私個人はショパンの「練習曲集」のCDに限って言えば、ポリーニとアシュケナージさえあれば十分である。

第六曲

ベルリオーズ「幻想交響曲」

失恋の苦しみが生んだ狂気と前衛の曲

屈折した感情を注ぎ込んで仕上げたシンフォニー

失恋が芸術作品を生み出すエネルギーになることは珍しくないが、それを剝《む》き出しの形で交響曲にしたのがエクトル・ベルリオーズ（一八〇三―六九）だ。

ベルリオーズは青年時代は医者になろうと医科大学に入ったが、解剖学を学んでいる時に気持ちが萎《な》えてしまい、代わりに音楽に興味が移り、パリのオペラ座に通うようになる。もともと音楽は好きで、それまでもフルートを練習したり、独学で「和声論」などを勉強したりしていたが、結局、十九歳の時に医学の道を捨て、音楽家への道を歩むことになる。

お薦めの１枚

■シャルル・ミュンシュ指揮
■パリ管弦楽団
■1967年録音
■ワーナーミュージック・ジャパン
規格品番：WPCS-23009

ベルリオーズの人生を大きく変える出来事が起こったのは、それから五年後の一八二七年のことだ。二十四歳のベルリオーズは、パリに公演に来ていたイギリスのシェークスピア劇団の芝居を観て、ハリエット・スミスソンという三歳年上のアイルランド出身の看板女優に一目惚れしたのだ。完全にのぼせあがったベルリオーズは、ハリエットに情熱的な手紙を何通も送り、必死で面会を迫るが、当時のベルリオーズは作曲コンクールに落選続きの無名の音楽家。かたや今をときめく人気女優では、格差は歴然で、案の定、ベルリオーズはまったく相手にされず、この恋は実らないままに終わる。

ところが彼は転んでもただでは起きない男だった。何とこの失恋の苦しみを曲にしようと考えたのだ。彼は自分をまったく相手にしないハリエットに憎悪を抱き、その屈折した感情を注ぎ込んで作品を仕上げた。それが彼の初めてのシンフォニー、「幻想交響曲」である。

全部で五楽章からなるこの曲には「物語」がある。それは、一人の若い音楽家がある女性に恋をするが失恋し、人生に絶望して、阿片《あへん》を飲んで自殺を図るが、致死量に至らず、瀕死の中で奇怪な幻想を見るというものだ。各楽章にはすべて標題が付けられ、演奏の際には聴衆に解説付きのプログラムを配るように作曲家自身が指示した。

第一楽章「夢、情熱」では、この曲の主人公がヒロインに恋する情熱と愛が綴られる。短調と長調が交錯する様は、まさしく恋の喜びと苦しみを描いている。

第二楽章「舞踏会」では、彼は華やかな舞踏会で彼女が他の男とワルツを踊る姿を見て悲しむ。優雅でロマンチックだが、悲しみに彩られた音楽でもある。ここではハープがとろけるようなメロディーを奏でる。

第三楽章「野の風景」では、自然の野山を歩きながら彼女を思う。遠くの雷鳴が彼女を失う不安を呼び起こす。

さて、このあたりまでは素晴らしいが普通の名曲という感じなのだが、「幻想交響曲」はここからが凄い！　第四楽章「断頭台への行進」で、彼はついに彼女を殺し、死刑を宣告される。そして刑場へと引かれていく。このあたりから音楽が異様な盛り上がりを見せ始める。断頭台へ向かうシーンの何と明るく不気味な行進曲であることか。そして驚くべきことに、最後はギロチンで首を刎《は》ねられるのであるが、このシーンも音楽にしている。悪趣味の極みとも言えるが、音楽は鬼気迫るものがある。

終楽章「魔女の夜宴の夢」では、音楽はさらに凄いことになる。死んだ彼は悪魔たちの夜の饗宴《きようえん》の中に放り込まれる。そこに弔《とむら》いの鐘の音をバックに、魔物や化け物たちが笑い声やうめき声をあげて、集まってくる。そして最後に一人の魔女がやってくるが、なんとその魔女はかつて愛した女だった――。

この楽章は全曲の白眉《はくび》である。斬新な和声、演奏法、リズムと、五十年後のヴァーグナーを先取りしていると言っても過言ではない。しかもオペラではないのにきわめて演劇的で、その迫力はただごとではない。この楽章を支配しているのは、グレゴリオ聖歌の中にある「怒りの日」のメロディーだ。この古い旋律をベルリオーズは効果的に使いながら、「悪魔たちの饗宴」を音楽で描いていく――。ちなみにこの部分はスティーヴン・キングのホラー小説をスタンリー・キューブリック監督が映画にした『シャイニング』の冒頭に繰り返し使われ、恐怖感を煽っている。

「幻想交響曲」が発表されたのは一八三〇年だが、当時としては驚くほどのモダンさを持っていた。ベートーヴェンが亡くなってわずか三年しか経っていない時代に、これほど斬新な曲がフランスで生み出されたことは驚きである。とにかく第四楽章と第五楽章は、作曲中のベルリオーズが突如覚醒したのかと思うほどに前衛と狂気に満ちているのだ。特にラストの狂乱は、これまで誰も書いたことのない音楽と言える。

彼はこの曲で大成功をおさめ、また同じ頃に書いた別の曲によって、念願だった作曲コンクールで見事、賞を獲得し、一躍時代の寵児《ちょうじ》となった。

若き日の出世作が生涯のベストに

ところで、彼の恋の物語には後日談がある。一八三二年、ハリエット・スミスソンはパリで開かれた「幻想交響曲」の演奏会に姿を見せた。実はこの時、彼女はベルリオーズのことは覚えておらず、「幻想交響曲」が自分を主題にしたものであるということも知らなかった。しかし演奏会のプログラムに書かれた文章を見て、また多くの聴衆に注目されたことで、この曲のヒロインが自分であることを知った。そして曲を聴き、涙を流すほどに感動した。

これを契機として二人は交際するようになり、なんと翌年、とうとう結婚することになる。ベルリオーズが劇場で初めてハリエットを見て恋に落ちて六年後のことだった。

つまりベルリオーズは失恋体験を告白した交響曲を作ることによって、成功と恋を二つとも手に入れたのだ。もっとも、この頃ハリエットは事故で重傷を負い、女優としても下り坂であったため、二人の立場は六年前とは逆だったとも言われる。結局、結婚生活は長くは続かず、二人は七年後に別居する。

破局の原因は言葉の問題が大きかったとも言われるが（前述したようにハリエットはアイルランド人）、私はベルリオーズの性格にあったのではないかという気がする。彼はあまりにもロマンチストで情熱的すぎたからだ。

実は最初にハリエットに振られた後、ベルリオーズはマリー・モークという女性と恋して婚約までしたが、マリーはイタリア留学中のベルリオーズに、「母の勧めで別の男性と結婚する」という手紙を書いた。これを読んだベルリオーズは激怒するが、この時、彼がとった行動は常軌を逸したものだった。何と彼は、マリーと彼女の母、そして彼女の結婚相手の男性を殺害しようと決意したのだ。そして女に変装して三人をピストルで撃つという計画まで立て、女物の服まで買って急遽フランスに戻ったが、国境を越えたところで我を取り戻し、きわどいところで犯行を思いとどまった(以上は、自伝による)。

はっきり言って相当危ない男である。こんな男と暮らして上手くいくはずがない。また一説には、ベルリオーズはハリエット・スミスソンという女性を愛したのではなく、彼女が演じるシェークスピアのヒロインを愛したのだとも言われている。つまり結婚して一緒に暮らしてみると、ハリエットが普通の女性であることに気付いて幻滅したのだ。いわゆる「恋に恋する」というやつで、相手を勝手に理想化してしまうというものだ。十代の思春期には珍しくないが、ベルリオーズの場合は、三十歳を超えてもそういうところが残っていたのかもしれない。しかし逆の見方をすれば、そういう異常に強い幻想を抱く人間だからこそ、歴史に残る芸術家になったとも言える。

ただ不思議なことに、ベルリオーズは二十代でこれほどの作品を書きながら、その後はあまりぱっとしない。普通、クラシックの作曲家というものは晩年になればなるほど名曲を残す。この法則はベルリオーズに限ってはあてはまらない。若き日の出世作が生涯のベストになってしまったのだ。これ以後、彼は誇大妄想的な大曲をいくつも書いているが、私は個人的には「幻想交響曲」に及ぶものはないと思っている。

もしかしたらベルリオーズは失恋を創作のエネルギーとする作曲家だったのではないだろうか。青春時代にハリエットに恋し、それが破れた時に、すさまじい創作エネルギーが心に舞い降りたが、恋も成功も手に入れた後は、若き日の情熱を再び取り戻すことはなかったのかもしれない。

ちなみにハリエットとベルリオーズはその後ついによりを戻すことはなく、別居して十四年後にハリエットは亡くなっている。当時、ベルリオーズはマリー・レシオという歌手と長らく同棲していたが、妻の死には深い悲しみを覚えている。病気だった妻の治療費はベルリオーズが出し続けていた。ハリエットの死後、ベルリオーズはマリーと結婚している。

現在、モンマルトルの墓地に、ベルリオーズは二人の妻と共に葬られている。

羽目を外した怪演はいかが?

さて、「幻想交響曲」の名盤だが、リッカルド・ムーティ指揮のフィラデルフィア管弦楽団の演奏が素晴らしい。第四楽章「断頭台への行進」と第五楽章「魔女の夜宴の夢」の不気味さを味わいたければ、レオポルド・ストコフスキー指揮のニュー・フィルハーモニア管弦楽団が面白い。シャルル・ミュンシュ指揮のパリ管弦楽団の演奏は古典的名演と呼ばれているものだが、やはり素晴らしい。

ヘルベルト・フォン・カラヤン指揮のベルリン・フィルハーモニー管弦楽団(彼自身の三度目の録音、七四年)の演奏はやはり見事。この録音で面白いのは、第五楽章で鳴らされる「弔いの鐘」が本物の教会の鐘の音を使っていることだ。

羽目を外した怪演を聴いてみたいという人にはゲンナジー・ロジェストヴェンスキー指揮のレニングラード・フィルハーモニー管弦楽団の演奏はどうだろう。暴れまわった演奏だが、阿片を吸って狂気の幻想を見るという音楽からすれば、このとんでもない演奏も逆に理にかなったものかもしれない。

第七曲

モーツァルト「魔笛」

田舎芝居に附された「天上の音楽」

悲しみを突き抜けた不思議な世界

今回はヴォルフガング・アマデウス・モーツァルト（一七五六―九一）のオペラ「魔笛《まてき》」を紹介したい。

モーツァルトの名曲は数多い。交響曲、協奏曲、ピアノソナタ、ヴァイオリンソナタ、弦楽四重奏曲、歌曲、宗教曲と、あらゆるジャンルに傑作が目白押しである。しかし私はモーツァルトの真髄はオペラにあると思っている。その最高峰に位置するのは詩人兼劇作家ロレンツォ・ダ・ポンテと組んだ三部作、すなわち「フィガロの結婚」、「ドン・ジョバンニ」、

お薦めの１枚

■オットー・クレンペラー指揮
■フィルハーモニア管弦楽団
■1964年録音
■ワーナーミュージック・ジャパン
規格品番：WPCS-51204/5

「コジ・ファン・トゥッテ」であるが、ここに「魔笛」は入っていない。

実は「魔笛」は少々厄介な曲である。モーツァルトが活躍した時代は、イタリアが音楽の先進国で、オーストリアのヴィーンでもイタリア人の音楽家が幅をきかせていて、当時の宮廷楽長アントニオ・サリエリもイタリア人だった。ちなみにサリエリは映画『アマデウス』で一気に知名度が上がったが、映画の中では史実に反して相当悪どく描かれている。ただ、サリエリらイタリア人音楽家たちがヴィーンの音楽界を牛耳っていたのはたしかで、モーツァルトは自分の地位が上がらないのはサリエリの妨害があったためだと考えていた。

そんなわけでヴィーンの宮廷歌劇場で演奏されるオペラもイタリアオペラだった。モーツァルトの前記三部作もその例に倣《なら》い、歌詞ももちろんイタリア語である。イタリアオペラではセリフはレチタティーヴォで書かれ、その間にソロのアリアや二重唱や三重唱、そして合唱などが入る。レチタティーヴォというのは説明が難しいが、乱暴に言えばメロディーのついたセリフだ。しかしアリアのような明確なメロディーではなく、語りの方に近い。

ところが「魔笛」はそうではない。これはジングシュピールと呼ばれる大衆歌芝居で、歌詞もドイツ語で、セリフ部分はレチタティーヴォではなく、芝居みたいにそのまま喋る。今のミュージカルと同じと思っていただければいい。現代ではジングシュピールはオペラの一種とされているが、当時はオペラとは見做《みな》されていなかった。「魔笛」がなぜそんな曲になったのかと言えば、この台本を書いたエマヌエル・シカネーダー（モーツァルトの五歳年長で、当時四十歳）は田舎の音楽劇団の座長だったからだ。観客は町のおじさんやおばさんたちだ。宮廷歌劇場に集まる貴族たちではない。音楽的素養もなければイタリア語も理解しない一般大衆は、わかりやすいドイツ語の歌芝居でなければ観てくれない。ただそこにはやはりいい音楽が欲しい。そこでシカネーダーが目を付けたのがモーツァルトだった。

当時、三十代の半ばになっていたモーツァルトは既に華やかな宮廷からは見放され、コンサートを開いても聴衆は集まらず、貧困にあえいでいた（ただ貧困説には異説もある）。加えて健康状態もよくなかった。そんな時、シカネーダーが自分の小屋にかける芝居の音楽を依頼してきたのだ。喉《のど》から手が出るほど金が欲しかったモーツァルトはその仕事を受ける。かつてはハプスブルク家の皇帝陛下が臨席した華やかな宮廷歌劇場で自作オペラのタクトを振った天才音楽家が、僅かばかりの金が欲しくて田舎芝居の音楽を書くまでに落ちぶれたのだ。

「魔笛」の脚本はシカネーダーの筆によるものだが、このストーリーは詩人ダ・ポンテの三部作とは比べものにならないほどひどい。「魔笛」はシカネーダー自身が所属する秘密結社フリーメーソン（モーツァルトもそうである）の思想を反映したものらしいが、様々な寓意《ぐうい》に満ちているとはいえ、全体として幼稚なおとぎ話の域を出ていない。物語の真ん中あたりで善玉と悪玉が逆転する構造になっているが、これは台本を書いている途中で、ライバル劇団が良く似たストーリーの芝居を発表したので、シカネーダーが物語を変更したという説もある。

そんなひどい台本であるにもかかわらず、モーツァルトの音楽は言葉を失うほどに素晴らしい。「魔笛」こそ、彼の最高傑作と言う音楽評論家は少なくない。モーツァルトは最晩年になると、音楽がどんどん澄みわたってきて、悲しみを突き抜けたような不思議な音の世界を描くようになるが、「魔笛」はまさしくそんな音楽である。曲はどこまでも明るく、軽やかで、透明感に満ち、敢えて恥ずかしげもなく言えば、もはや天上の音楽と呼びたくなるほどである。

最晩年のモーツァルトが到達した世界

ここであらためて「魔笛」のストーリーを簡単に紹介しよう。舞台は古代エジプト（と台本に書かれてある）。理想に燃えた若き王子タミーノは「夜の女王」からザラストロにさらわれた娘パミーナを連れ戻してくれと頼まれ、享楽的な鳥刺しのパパゲーノと共に神殿に乗り込む。ところが悪人と思っていたザラストロは実は立派な僧で、「夜の女王」こそ悪人であると知らされたタミーノとパパゲーノは神殿でいくつもの試練を受ける。パパゲーノは挫折するが、試練を乗り越えたタミーノはパミーナと共に、永遠の愛を誓い、理想の世界へと旅立っていく。

一方、神殿を追われたパパゲーノは自殺を決意するが、そこにパパゲーナという魅力的な娘が現れ、二人は愛し合う。最後は復讐に燃えた「夜の女王」たちが神殿を襲うが、ザラストロたちの手によって地獄に落とされ、合唱がザラストロを称えて全曲が幕を閉じる。

こうやって書いていても、いったい何の話かよくわからないし、本当の主人公が誰なのかもわからない。実際の劇場で「魔笛」を観ると、物語のあまりの馬鹿馬鹿しさに呆《あき》れてしまう。しかし何度も繰り返すが、モーツァルトの音楽は最高に素晴らしく、芝居の馬鹿馬鹿しさを忘れて感動してしまう。

パパゲーノが自分のお気楽な人生を歌うシーン（「おいらは鳥刺し」）、タミーノがパミーナの絵姿を見て恋の想いを歌うシーン（「なんと美しい絵姿」）、黒人のモノスタトスがパミーナを犯したい気持ちを綴るシーン（「誰でも恋の喜びを知っている」）などなど、どこをとっても絶品の美しさとも言える音楽だ。一幕と二幕の最後に歌われる二つの合唱はモーツァルトの最も優れた宗教曲さえも上回るほどの敬虔《けいけん》な響きに満ちている。

珠玉の名曲がちりばめられている中でも特に有名なのは「夜の女王」の二つのアリア（「ああ、怖れおののかなくてもよいのです、わが子よ！」と「復讐の炎は地獄のようにわが心に燃え」）である。現代でも一流ソプラノ歌手を恐れさせるこのアリアには、超絶的な技巧が凝らされ、しかも最高音に三点Fが使われている。これは五線譜下段の「ファ」より二オクターブ高い「ファ」の音である。

モーツァルトは後のベートーヴェンとは違い、基本的に演奏者の技術を考慮して作曲した。曲を依頼してきたプレーヤーや楽団のテクニックが高ければ高度な音楽を書き、そうでない場合は、その人が演奏できる音楽を書いた。たとえば名作「フルートとハープのための協奏曲」は、音楽愛好家の貴族の父娘に依頼されて作った曲だが、フルートを巧みに吹いた父のパートは技巧的に書かれているのに対して、それほど上手ではなかった娘のハープのパートは易しく書かれている。それくらいモーツァルトは職人技に徹した作曲家だった。

だから「夜の女王」の二つのアリアにこれほどの難技巧が使われているということは、初演の時のソプラノ歌手はこれを歌えたという証である（ちなみにその歌手はモーツァルトの妻コンスタンツェの義理の姉、ヨゼーファ・ホーファァー）。この二つのアリアを聴けば、誰でもその超絶的な歌に唖然とするだろう。「魔笛」の最大の聴きどころの一つでもある。

しかし私が「魔笛」の中で最も好きな曲は、ラストの手前でのパパゲーノとパパゲーナの二重唱である。ザラストロの試練にも挫折し、神殿も追われた無学な自然児パパゲーノが、夢も希望も失って自殺を決意するその直前、愛する娘パパゲーナに再会するシーンで歌われる。パパゲーノは生まれて初めて愛を得て、全身に喜びを溢れさせる。そして、その愛をパパゲーナは全身で受け止め、パパゲーノを大きく包み込む。互いの名前を呼び合いながら「パ・パ・パ……」と歌うこの二重唱を聴くと、私はいつも胸が熱くなってくる。このあまりにも無邪気な明るさはいったい何だ、この切ないまでの喜びは何だ——。私は、これこそ最晩年のモーツァルトが最後に到達した世界かもしれないと思う。

「魔笛」が初演されて三ヵ月後、モーツァルトは三十五歳の若さで世を去る。死の床にあった彼は時計を見ながら、「魔笛」の舞台のことを思っていたという証言がある。彼にとっても「魔笛」は特別な曲だったのだ。

小さな田舎芝居の小屋のために書かれた曲だが、今日、「魔笛」は世界で最も上演回数の多いオペラと言われるほどの人気曲となっている。

世界最高の「夜の女王」

「魔笛」の名盤は多いが、オペラ入門者ならCDではなくDVDをお薦めしたい。対訳片手にオペラのCDを聴くのは、慣れていないと相当困難である。その点、日本語字幕付きのDVDは音楽にかなり集中できる。それに何と言ってもオペラは本来、舞台の芝居を観るものだから、音だけのCDよりも映像付きのDVDの方がいい。

映像は古いがホルスト・シュタイン指揮のハンブルク・フィルハーモニー管弦楽団の演奏がなかなかいい。歌手も一流どころが揃っているが、中でも「夜の女王」を歌うクリスティーナ・ドイテコムが素晴らしい。世界最高の「夜の女王」と言われたソプラノの全盛期のパフォーマンスが見られる（聴ける）。

ちなみにドイテコムの最高の歌唱は、サー・ゲオルグ・ショルティ指揮のヴィーン・フィルハーモニー管弦楽団のCDで聴くことができる。演奏全体もきわめてすぐれたものだが、ここでのドイテコムは圧巻である。

新しいDVDではコリン・デイヴィス指揮のコヴェント・ガーデン王立歌劇場管弦楽団、ヴォルフガング・サヴァリッシュ指揮バイエルン国立歌劇場管弦楽団の演奏がいい。

ＣＤで聴きたいとおっしゃる方には、前述のショルティ盤、ヘルベルト・フォン・カラヤン指揮ベルリン・フィルハーモニー管弦楽団、カール・ベーム指揮ベルリン・フィルハーモニー管弦楽団、オトマール・スウィトナー指揮シュターツカペレ・ドレスデン、ジェームズ・レヴァイン指揮ヴィーン・フィルハーモニー管弦楽団の演奏がお薦め。

ただ私は「魔笛」を聴く時はオットー・クレンペラー指揮フィルハーモニア管弦楽団の演奏を取り出すことが多い。というのはセリフがないからだ。クレンペラーは頭の中に音楽しかない男で、モーツァルトの音符が付いていないセリフ部分はすべて無用のものとして大胆にカットしてしまっている。この潔さはむしろ清々しい。演奏も最高級だが、歌手陣も素晴らしい。「夜の女王」は若きルチア・ポップが見事な歌唱を披露している。驚くのは、「三人の侍女」という端役《はやく》に、エリーザベト・シュヴァルツコップ、クリスタ・ルードヴィッヒ、マルガ・ヘフゲンという当代の超一流女性歌手が使われていることだ。こんな贅沢な「三人の侍女」は二度と有り得ない！

第八曲

聴力を失った後の「最後の戦い」

ベートーヴェン「第九交響曲」

お薦めの１枚

■ヴィルヘルム・フルトヴェングラー指揮
■バイロイト祝祭管弦楽団
■1951年録音
■デルタエンタテインメント
規格品番：DCCA0029

第一楽章から第三楽章までを否定する「歓喜の歌」

「歓喜の歌」であまりにも有名な、もはやポピュラーとも言えるほどの曲である。しかし、誤解しないでもらいたいのだが、「第九」は通俗名曲からは程遠い狂気に満ちた傑作なのである。

若い頃から耳疾《じしつ》で悩まされてきたベートーヴェン（一七七〇―一八二七）だったが、この曲を完成させる最晩年の頃にはほとんど聴力を失っていた。加えて健康状態も悪化し、多くのパトロンや友人も去り、金銭的にも困窮《こんきゅう》し、失意と孤独の晩年を過ごしていた。その頃、ヴィーンはG・ロッシーニの明るく軽快な音楽が人気を博し、ベートーヴェンの深刻な音楽は敬遠されていた。また彼自身の音楽も大衆好みから遠ざかりつつあるものになっていた。壮年期には、運命と戦うような激しい曲を生みだしていたが、四十代後半からは、後期のピアノソナタに代表される瞑想的で哲学的な曲を書くようになっていた。

ところがそんなベートーヴェンが五十四歳にして、激しく闘争的な「第九交響曲」を完成させた（彼はその三年後に亡くなる）。ベートーヴェンは生涯の最後に、もう一度、人生と芸術に対して激しい戦いを挑んだのだ。

第一楽章の神秘的な導入部分は、これまでどの作曲家も紡ぎ出したことのない不思議な響きである。二十世紀最高の指揮者ヴィルヘルム・フルトヴェングラーは、この冒頭を「宇宙の創世」に喩えた。実際の宇宙がどのように誕生したのかは知らないが、暗黒の混沌《こんとん》とした世界に小さな光が生まれ、それが明滅しながらゆっくりと回転を始め、やがて巨大な渦となって宇宙が姿を現す――まさしくそんなイメージを彷彿《ほうふつ》とさせる冒頭である。そして音楽はうねるように、また大きな波が寄せては返すように、混沌とした世界の不気味さを見せる。この第一楽章はベートーヴェンの壮年期の雄渾さと晩年の哲学性が融合した最高の音楽である。

第二楽章は激しい闘争の音楽だ。襲い来る暗い運命を象徴するかのようにティンパニが凄絶な音を打ち鳴らす。全曲中最も短い楽章ではあるが、強烈な印象を残す。

第三楽章は前の楽章の戦いの疲れを癒すかのように、うってかわって静かな音楽である。主旋律はこの上もなく優しくロマンチックで、若き日の傑作ピアノソナタ「悲愴」の第二楽章に酷似している。深い精神性が込められたこの第三楽章こそ「第九」の白眉という人も少なくない。この楽章をもって曲を閉じればよかったと言う極端な人もいるほど、第三楽章は素晴らしい。しかしベートーヴェンは甘い世界に浸って逃避するような男ではない。この楽章の終わり近くに、まどろむベートーヴェンを目覚めさせるかのように金管が轟く。束の間の甘い夢から覚めた彼は再び立ち上がる。

そして迎えた最終の第四楽章、冒頭でいきなり嵐のような激しい音楽が吹き荒れる。まさしく第三楽章の甘い夢を吹き飛ばす嵐である。そして低弦（チェロとコントラバス）によるレチタティーヴォが奏される。レチタティーヴォというのは「魔笛」のところで説明したように、そもそもはオペラなどで使われるメロディーのついたセリフだが、器楽だけで演奏されるメロディーもレチタティーヴォと呼ばれる。だからこの部分は、チェロとコントラバスが語っているかのように聴こえる。

レチタティーヴォが一旦途切れて、突如、第一楽章の宇宙の混沌を思わせる旋律が現れる。しかしすぐにレチタティーヴォで打ち消される。次に第二楽章の闘争の旋律が現れるが、これもすぐにレチタティーヴォで打ち消される。そして第三楽章の旋律が現れる。今度は前の二つの楽章のように、すぐには打ち消されない。優しく慰撫《いぶ》するような美しいメロディーがしばし支配する。その途中、遠くに「歓喜の歌」の旋律が聞こえるが、すぐにまた第三楽章の甘い音楽にかき消される。この部分を聴いていると、ベートーヴェンの心情が切ないまでに伝わってくる。彼はこの甘い世界にずっと留まっていたいのだ。「歓喜」を目指すために戦うのではなく、いつまでもこの夢の世界で眠っていたいのだ。

しかし、ベートーヴェンはその未練を断ち切る。何かの決意のように、二つの力強い和音が第三楽章の旋律を否定する。

そしていよいよ有名な「歓喜の歌」の旋律がピアニシモで静かに奏される。同じ旋律を繰り返し、次第に楽器が増えて音量も増していく。再び嵐のような音楽が吹き荒れ、すべての音楽が鳴り止んだ後、バス（男性の低音）歌手が「おお、友よ。このような音ではない」と歌う。その旋律はこれまでに繰り返されたレチタティーヴォの旋律だ。そして歌詞はベートーヴェン自身が書いたものだ。つまり彼はここにいたるすべての音楽（第一楽章から第三楽章まで）を否定したのだ。歌詞はこう続く。「我々はもっと楽しい歌を欲しているのだ」と。その時、私たちはそれまで低弦で奏されていたレチタティーヴォが実は、その言葉を語っていたのだと知る。

この構成を「やりすぎ」「わざとらしい」と非難する人もいる。まるで音楽をドラマのような作りにしている、と。しかし私は交響曲をこれほど有機的に構成したベートーヴェンの天才に啞然とする。これまで誰も音楽の世界でこういうことをやった人はいない。ベートーヴェンの語った言葉に、「美のために破ってはならない規則はない」というものがあるが、彼は真理と美のためにはあらゆることをした芸術家なのだ。二百年近くも前に、こういう音楽を作ったベートーヴェンは本当に凄いと思う。

さて、音楽はいよいよ「歓喜の歌」へと続く。この歌詞はシラーの作った頌詩《しようし》「歓喜に寄す」である。ベートーヴェンがこの詩に音楽を付けようと考えたのは二十代の頃と言われているが、若き日の思いを最晩年に遂げたことになる。この歌は一般に「人々が手を取り合って歓喜の歌を歌おう」という明るい朗らかな歌のように思われているが、そんなボーイスカウト的な軽い歌では決してない。詩の中にははっきりと、「友を得た者、優しい妻を得た者は、歓呼の声を上げよ。それを得ることのできなかった者は、涙を流して仲間から離れるがいい」とある。つまり、愛と友情を得ることのできなかった者は立ち去れ！　と宣言しているのだ。今どきの若者たちの甘い孤独、引き籠《こも》り的なものなどは全否定している。人々の真の連帯、愛と友情の理想を歌ったものなのだ。これは聴力を失った晩年のベートーヴェンの魂の叫びでもあった。

そして「第九」の最後は「抱き合え、百万の人々よ」と合唱で歌われ、壮大なオーケストラで締め括られる。全曲演奏すると一時間を優に超える巨大な曲で、過去これほど長大な交響曲を作った者は誰もいなかった。また交響曲に四人の歌手（ソプラノ、アルト、テノール、バリトン）、更に合唱団まで加わった空前の曲だ。

生涯最高の成功

この曲の初演は一八二四年、既に完全に聴力を失っていたベートーヴェンが指揮したが、楽団員たちはベートーヴェンの横に立つ副指揮者を見ながら演奏した。演奏が終わって観衆は大感動して割れんばかりの拍手を送ったが、ベートーヴェンには聞こえず、アルト歌手が彼の手を取って、観客席に振り向かせた。その時、聴衆が盛大に拍手をしている光景を見た彼は喜びのあまり気を失いかけた。これは彼の生涯最高の成功であった。私は、この初演の大成功は、音楽の神が苦難の生涯を送ったベートーヴェンの最後に与えた贈り物であったと思う。

その証拠に、初演以後、この曲の演奏はことごとく失敗する。当時のオーケストラや合唱団の技術では、「第九」を完全に演奏することは不可能だったからだ。そのため、いつしか同時代の聴衆には「巨匠が晩年に作った謎の大曲」と思われ、ベートーヴェンの死後は演奏もほとんどされなくなった。

「第九」の真価が初めて世に知られることになったのは、ベートーヴェンが亡くなっておよそ二十年後、リヒャルト・ヴァーグナーによるドレスデンでの演奏だ。ヴァーグナーは関係者たちの反対を押し切って「第九」をプログラムに載せ、凄まじいリハーサルを繰り返して見事な演奏をした。この時、聴衆は初めて、ベートーヴェンの「第九交響曲」の凄さを知り、これ以後、この曲はヨーロッパを制覇することになる。

圧倒的なドラマ「バイロイトの第九」

「第九」の名演は星の数ほどある。いや、これほどの曲なら、どんな演奏をしても感動があるが、敢えて名演をいくつか挙げるならば、まずフルトヴェングラーの演奏である。十数種類残っている彼の「第九」（すべてライブ録音）はいずれも素晴らしい演奏だが、伝説的名盤とも言えるバイロイト祝祭管盤（五一年）は避けて通れないだろう。「バイロイトの第九」と呼ばれるこの演奏は六十年以上も昔のものだが、この録音の価値は決して消えるものではない。

ヴァーグナーの楽劇だけを演奏するバイロイト音楽祭は、戦後しばらくの間、連合軍によって禁止されていたが、一九五一年に再開された。「バイロイトの第九」は、その再開を祝したオープニングコンサートにフルトヴェングラーが振った時のものだ。演奏はこれ以上はないと言えるほど劇的で感動的だ。一度でもこのCDを耳にすれば、圧倒的な音のドラマに打ちのめされるだろう。

ライブだけに演奏にはミスがいくつもある。今時の指揮者なら絶対にやらない極端なアッチェレランド（だんだん速くする）、リタルダンド（だんだん遅くする）を多用し、時には異常とも思えるテンポを取る。終楽章のコーダ（終結部）ではオーケストラが演奏不可能なスピードで駆け抜けていく。この演奏を「傷だらけ」「アマチュア的」「古臭い」と非難したり顔のクラシックファンがたまにいるが、貧弱な心の持ち主と言わざるを得ない。この演奏は今時の優等生的な演奏をはるかに超えた、まさに一期一会の超絶的演奏なのだ。この演奏に心動かされない人は、クラシック音楽など聴く理由もないだろう。ちなみにマニアックな話になるが、二〇〇七年に突然五一年のバイロイトのもう一つの録音が現れ、これまでの演奏はリハーサル録音ではないかという説が浮上した。細かい分析は割愛するが、私は二〇〇七年に現れた方がリハーサルではないかと思っている。

「バイロイトの第九」が圧倒的に有名だが、実はヴィーン・フィルハーモニー管弦楽団を振った五二年と五三年の録音はバイロイト盤に優るとも劣らない。特に五二年盤は個人的にはフルトヴェングラーの最高峰と思っている。

しかしながらフルトヴェングラーの「第九」には実はもう一つ凄いのがある。戦争中の四二年にベルリンで演奏したものだ。「鬼気迫る」という表現さえも生ぬるく思えるほどの凄絶極まりない演奏だ。ただし音質は恐ろしく悪い。

音のいい新しい録音だと、ヘルベルト・フォン・カラヤン指揮のベルリン・フィルハーモニー管弦楽団他（七七年）、クラウス・テンシュテット指揮のロンドン・フィルハーモニー管弦楽団他（八五年）が見事な演奏である。

サー・ゲオルグ・ショルティ指揮のシカゴ交響楽団（七二年）の演奏は実に豪快で力強い演奏。オーケストラも合唱も最高級レベルの名演である。

〈間奏曲〉

巨匠の時代

私が推薦するCDには圧倒的に古い指揮者が多い。私が若い頃に真剣に聴いていた頃のレコードは古い録音が多かったためということもあるが、実はそれだけではない。私は「巨匠」と呼ばれる過去の名指揮者が好きなのである。これは単なる懐古趣味とは違う。古い指揮者の演奏はその多くが強烈な個性を放っているのだ。それに比べて現代の指揮者は誰の演奏を聴いても同じに聴こえる。悪く言えば金太郎飴のような演奏なのだ。ただ非常に洗練されていて、テクニック的にも最上級のレベルにある。一方、かつての巨匠の演奏はミスもあれば傷もあるが、ほんの少し聴いただけで誰の演奏かわかるほどはっきりと刻印が打たれている。

なぜ、昔の演奏家は個性があり、現代の演奏家は個性に乏しいのか。

実は十九世紀の終わりから二十世紀初めに生を受けた指揮者たち（私が何度も推薦CDで挙げるトスカニーニ、クレンペラー、フルトヴェングラー、ライナー、カラヤンといった巨匠たち）は、現代のエリート音楽教育を受けた人たちとはまるで違った環境で育った。彼らが育った時代はレコードもなければラジオもない。もちろんCDやカセットもない。つまり音楽を日常普通に聴くことはできなかった。ピアノ曲なら自分で弾くことができただろうし、上手な人に聴かせてもらうこともできただろう。しかし交響曲や協奏曲となると、そういうわけにはいかない。コンサート会場に足をのばすしかその曲を聴くことができない時代だったのだ。

ところが二十世紀前半までのヨーロッパの都市では、劇場で聴ける音楽の多くはオペラで、今のように交響曲などのコンサートはそれほど頻繁には開かれなかった。だからモーツァルトやベートーヴェンといったポピュラー曲でさえ気軽に聴くことはできなかった。たとえばベートーヴェンの「第九交響曲」などはコンサートでも滅多に取り上げられず、実際にプロの演奏家でも耳にする機会はほとんどなかった。そんな曲は他にもいくらでもある。これは巨匠たちがプロとなった時も同様で、彼らの青年期の仕事のメインはオペラを指揮することだった。

だから彼らがコンサートにおいて、これまで一度も聴いたことがない交響曲や協奏曲を演奏するのは普通のことだった。そのため当時の指揮者は曲のイメージを摑むためにスコアを徹底して読んだ。同じページに何段にも分かれて書かれている多くの楽器のパートを睨《にら》み、その中から旋律線を探し出し、様々な音をどう演奏すればどういう響きになるかを、頭の中のオーケストラで鳴らして曲をイメージしたのだ。

翻《ひるがえ》って現代の指揮者は音楽大学に入るまでに、古今の名曲のほとんどの曲をCDで聴いてすっかり頭に入れている。一時間を超えるマーラーの長い交響曲も何度も聴いて覚えていて、曲の構造も響きもイメージもすっかり頭の中に入っている。またその気になれば、いろんな解釈がなされた過去の名演奏を何種類も聴くことができる。

また楽団員のレベルも昔と今ではまるで違った。現代のオーケストラの団員はほとんどが音楽大学の出身で、たとえばNHK交響楽団のメンバーの多くは東京芸術大学出身だ。彼らは大学で音楽理論や対位法、さらに過去の作曲家の歴史的な意味、様々な奏法とその歴史について学んでいて、音楽一般について非常に高い教養を身に付けている。

しかし百年前のオーケストラ団員はそうではなかった。彼らの多くは十代の半ばで歌劇場の団員となっている。彼らは古いタイプの楽士で楽器を操る腕は巧みだが、音楽についての理論や教養などはほとんど学んでいない。彼らの多くは自分が演奏する楽器のパート譜は見てもスコアを見ることはない。だから指揮者が「入り」を指示してくれなくては、どこで入っていいのかもわからない場合がしばしばあった。したがって指揮者はそんな楽団員に適切に指示を与え、奏法を教え、全体を統率していかなければならなかった。つまり昔の指揮者は言ってみれば、ばらばらのプレーヤーたちを一つにまとめて音楽を作っていく能力が必要だった。

一例を挙げれば、一九一三年に作曲されたストラヴィンスキーのバレエ音楽「春の祭典」は複雑なリズムとポリフォニーでしかも変拍子のため、当時は演奏できる指揮者が限られていたが、今では学生オーケストラのレパートリーにもなっている。これは指揮者が曲を完全に把握していることと、オーケストラ団員が全体の中での自分のパートを理解しているからだ。現代のオーケストラ団員はどんな曲もたいてい頭に入っているから、指揮者の指示が間違ったところで、まごつくことはない。こんなことを言えば指揮者に怒られるかもしれないが、現代は別に指揮者がいなくとも普通に演奏できる。ベートーヴェンの交響曲くらいなら簡単にやってのける。それくらい能力の高いプレーヤーが揃っているのだ。

話が少し脇にそれたが、なぜ昔の指揮者に個性的な演奏が多かったかと言えば、その曲に「規範」となるべき「模範的演奏」というものがなかったからだ。前にも述べたように、彼らはほとんど初見のような形でスコアを読んで、頭の中で音楽を組み立てていったから、出来上がったものが同じような響きになるはずがない。

ただ、時代が下るにしたがって、そうした曲も多くの指揮者によって何度も演奏され、またレコード録音されていく。すると自然に「スタンダードな演奏」あるいは一種の「模範的演奏」というものが形作られていき、それとともに聴衆の方でも曲に対するイメージが固まってくる。その結果、強烈な個性を持った演奏というものが徐々に減っていくことになる。速すぎる演奏はスピードを緩め、遅すぎる演奏は速度を速め、またオーケストラの楽器の強弱もバランスの取れたものになってくる。

つまりこの百年の間に演奏のすべてが標準化していったのだ。その結果、今はすべての演奏が中庸化し、それが没個性となった。しかし言い換えれば、これは「演奏が成熟し、完成した」ということかもしれない。逆に昔の演奏は発展途上で、だからこそ、見た目として個性的な演奏が多かったと言えるかもしれない。

また「古い巨匠」たちの多くは楽譜というものは完全なものとは見做《みな》していなかったふしがある。彼らは作曲家が楽譜に書ききれない音とニュアンスを演奏で表現しようとした。そのため極端に速いテンポや遅いテンポをとったりした。また一曲の中でテンポを大きく変化させる場合もあった。より曲の真実に近づけると思えば、楽譜に手を加えることさえ恐れない指揮者も少なくなかった。それは現代においては「冒瀆的な行為」と見做されていて、今はそんなことをやる指揮者は滅多にいない。

それでも私は昔の指揮者の演奏に心惹かれる。乱暴な喩えだが、機械で正確に作られた茶碗よりも、いびつであっても手作りの茶碗に味わいを覚えるようなものだ。

もう一つ、過去の指揮者と現代の指揮者の大きな違いがある。それは過去の巨匠たちにとってクラシック音楽は同時代の音楽であったことだ。

たとえばトスカニーニは一八六七年生まれだが、彼が生まれた年、ヴァーグナーは五十四歳、ヨハン・シュトラウス二世は四十二歳、ブラームスは三十四歳だった。トスカニーニはヴェルディやプッチーニのオペラを何曲も初演している。一八八六年生まれのフルトヴェングラーもストラヴィンスキーやバルトークの曲を何曲も初演している。つまり十九世紀の巨匠たちにとっては、クラシック音楽は決して過去の音楽ではなく、同じ時代を生きる現代音楽だったのだ。

またベートーヴェンやモーツァルトの音楽も、長い間、多くの聴衆に知られなかっただけに、それらを演奏してその真価を知らしめる使命も持っていた。ほとんどの聴衆にとって、音楽はレコードで鑑賞するものではなく、コンサートホールやオペラ劇場で聴くものだった。巨匠たちの残した録音の多くは古ぼけた貧しい音だが、そこには音楽が生きていた時代を感じる。

しかし時は過ぎ去った。今や「現代音楽」の多くが聴衆からそっぽを向かれた。クラシック音楽が同時代性を失ったと同時に、指揮者の時代もまた終焉を迎えた、と私は思っている。現代の多くの指揮者は、この百年さんざん演奏され尽くされ、また聴衆にとっても周知の「名曲」ばかりを十年一日のごとく振り続けている。

彼らはもしかしたら生まれてくるのが百年遅かったのかもしれない。

第九曲

最後にデーモンが顔を出す

シューベルト「魔王」

シューベルトの音楽で、悲しくない曲なんて知らない

四十年近くクラシック音楽を聴いている私には、好きな作曲家が何十人といる。その中で私にとって「神」と言える作曲家はバッハ、モーツァルト、ベートーヴェン、それにヴァーグナーだ。この四人がいかに偉大かを語らせたら、何時間でも喋り続ける自信がある。

若い頃は、家に遊びに来た友人たちにレコードを次から次へとかけながら、その素晴らしさを夜を徹して語った。最初は友人たちも我慢して聞いているが、最後は「もう堪忍してくれ、寝かせてくれ」と懇願するのが常だった。今思い返せば、彼らには本当に申し訳ないこ

お薦めの１枚

■ディートリッヒ・フィッシャー＝ディースカウ歌唱
■ピアノ：ジェラルド・ムーア
■1958年録音
■ワーナーミュージック・ジャパン（歌曲集）
規格品番：WPCS-50058

とをしたと思う。

そんな私が友人にも滅多に聴かせない大好きな作曲家がいる。それはフランツ・シューベルト（一七九七―一八二八）だ。

シューベルトはもしかしたら、私が最も好きな作曲家かもしれない。彼からはバッハのような偉大さは感じないし、モーツァルトのような天衣無縫《てんいむほう》さも感じない。またベートーヴェンを聴いた時のような尊敬の念も起こさせないし、ヴァーグナーの曲のようにその桁外れの情念に圧倒されもしない。

しかしシューベルトの音楽は、ただ私の心の底に静かに浸みわたる。そしてたまらなく切なく悲しい気持ちにさせる。そんな音楽は他の作曲家にもある。しかしシューベルトの場合、すべての曲がそういう気持ちにさせるのだ。例外はほとんどない。彼は「悲しくない音楽なんて知らない」と言ったらしいが、私は敢えてこう言いたい。

「シューベルトの音楽で、悲しくない曲なんて知らない」と。

私は他人から「ベートーヴェンは好きではない」と言われても別に腹も立てないが、「シューベルトのどこがいいのだ」と言われたら、そいつとは友人にはなりたくない。

シューベルトは一七九七年にヴィーンで生まれた。モーツァルトが亡くなって六年目である。ちなみに同じヴィーンで活躍したベートーヴェンはこの時二十七歳。

クラシックの作曲家のほとんどは幼少期に徹底した英才教育を受けている（モーツァルトとベートーヴェンはあまりにも有名）が、シューベルトが受けた音楽教育は平凡なものだった。音楽が好きだったが、生活のために十六歳で小学校の代用教師になる。しかしどうしても音楽の道を諦められず、二十一歳の時に教師を辞める。

これ以後、彼は作曲に打ち込むことになるが、当時音楽の都であったヴィーンで、無名のシューベルトが注目されることはなかった。それは彼がピアノを上手く演奏できなかったこともある。その頃のヴィーンで作曲家として名を成すためには、まず優れた演奏家でなければ難しかった（モーツァルトとベートーヴェンも当代随一の演奏家として知られていた）。

定職のないシューベルトは五線譜さえも買えないほど貧しかった。しかし彼には素晴らしい友が沢山いた。友人たちはシューベルトの人間性と音楽を愛し、様々な形で援助した。ある者は部屋を貸し、ある者は五線譜を買い、ある者は食べ物を提供した。友人たちは金持ちでもなければ貴族でもない、シューベルトと同じように貧乏な若者たちだった。そんな彼らが才能ある友のために、何か出来ることはないかと懸命に援助の手を差し伸べたのだ。そんな集まりはやがて「シューベルティアーデ」と呼ばれるものになり、シューベルトを囲んで、彼の新作を楽しむ会となった。シューベルトはそんな環境で、次々と名曲を生み出した。彼は「インクの染みが出来なかった」と言われるほどの速筆で、誰かが机の上に置いてあった詩集をちらっと見ると、たちどころに音楽を付けたという。

シューベルトは背が低く、やや肥満体で、かなりの近眼だった。何日も風呂に入らず、身なりはいつも汚かった。内気ではにかみ屋で、女性にはまるでもてなかった。頭の中には音楽しかなく、一日中、作曲にいそしんでいた。レストランで友人がメニューの裏に書いた五線譜の上に作曲したというエピソードも残っている。そして生涯独身のまま、一〇〇〇曲近い曲を残し、貧困の中で三十一歳の若さで世を去る。彼が心から尊敬するベートーヴェンの死の翌年であった。シューベルトの名が広く知られるようになったのは、死後、何年も経ってからである。

「魔王」を聴いて笑い出すなんて信じられない

今回は彼が十八歳の時に作った大傑作の歌曲「魔王」を紹介しよう。実はこの曲は日本では非常によく知られている。なぜなら小学校の音楽の授業で聴かされる定番曲の一つにもなっているからだ。最近の子供たちはこの曲の日本語バージョンを聴くと、芝居がかった歌詞に笑い出すという話も聞く。しかしこの曲を聴いて笑うという感受性は私には信じられない。本当に音楽を聴く耳と心があったならば、とても笑える曲ではない。

「魔王」は文豪ゲーテの詩に音楽を付けたものだ（ピアノ伴奏）。物語は、嵐の夜、病気で苦しむ幼い息子を抱えて父が馬を走らせる情景から始まる。熱に浮かされた子供は魔王の姿を見る。魔王は優しい声で子供を死の世界へといざなう。恐怖で怯える子供に、父は魔王などはいないと言って馬を走らせる。しかし家に辿り着いた時、子供は父の胸の中で息を引き取っていた——という内容である。

音楽は叩きつけるようなピアノで始まる。不気味で激しい短調の三連音符は、嵐の夜に疾駆する馬の蹄《ひづめ》の音で、全曲を通じて止むことはない。そして一人の歌手が、「語り手」「父」「魔王」「子供」の四つの役を歌う。音楽は役によって劇的に変化する。静かな抑えたトーンでありながら悲劇性を予感させる「語り手」の歌、そして力強い長調の「父」、悲痛な短調の「子供」、そして優しい声で歌われる「魔王」、これらの四つの歌が交錯し、激しく転調と移調が繰り返され、聴き手の魂を揺さぶる。わずか数分の曲の中に凄まじいドラマが内包されている。

聴く者を最もぞっとさせるのは、「私と一緒においで。綺麗な花もあるし、黄金の衣装もあるよ」と歌う魔王のこれ以上はないと思えるほどの甘美なとろけるような歌だ。しかし魔王は最後の一瞬に恐ろしい顔を見せる。最後の歌詞「Gewalt」（力づくで！）の恐ろしい響きは、それまでの甘さを吹き飛ばす。

一般にシューベルトの音楽は優しい音楽と思われている。その認識は間違っていないが、それは彼の一面しか捉えていない。彼の中には実は凄まじい「デーモン」（悪魔的なもの）がひそんでいる。シューベルトの曲にはそれがしばしば顔を出す瞬間がある。有名な「未完成交響曲」しかり、弦楽四重奏曲「死と乙女」しかり、遺作のピアノソナタしかり。

美しい花園にいたと思っていたのに、はっと気付いたら、そこは死の世界だった、と思うような一瞬がシューベルトの音楽にはある。それはまるで優しかった魔王が怖ろしい顔を見せる瞬間に似ている。だから、「魔王」はシューベルトのすべてが入っていると言っても過言ではない。ちなみにこの曲はシューベルトが作った曲の中で初めて出版されたもので、「作品番号一」が付けられている（それ以前に三〇〇曲以上の作曲がある）。

私がすごいなと思うのは、「魔王」が五十年後のヴァーグナーの音楽を先取りしていると思われるところだ。ヴァーグナーはそれまで誰も書かなかった先進的な音楽を書いたクラシック音楽界の革命児だ。彼の傑作「ヴァルキューレ」第二幕で、戦場の死の使いであるブリユンヒルデがジークムントに死を告げに来るシーンがある。ブリュンヒルデは、ジークムントが死んで神々の城で英雄となることの素晴らしさを朗々と歌うが、これが甘くとろけるような旋律なのだ。それに対して、愛する女性を残して死ぬことの苦悩を訴えるジークムントの歌は悲痛なる響きを持っている。「死」をテーマにしたドラマの緊迫感、甘い長調と悲痛なる短調が交互に繰り返される構造、このシーンはまさに「魔王」そのものである。

「魔王」ファンにはたまらないお買い得な一枚

「魔王」はこれまで多くの名歌手がレコーディングしている。もともとはバリトン（男性の中間の声）のために作られた曲だが、テノール（男性の高い声）歌手が録音しているケースもあれば、女性歌手も積極的に録音している。もちろんその場合はキー（調性）を変えている。一般にクラシック音楽の場合は、原曲の調性を変えて演奏することはないが、なぜか歌曲に関してはキーの変更は普通に行なわれている。

さて数ある「魔王」の録音の中で、やはり「上手い！」としか言いようがないのはディートリッヒ・フィッシャー＝ディースカウの歌唱だろう。戦後のドイツが生んだ不世出の名歌手フィッシャー＝ディースカウの技巧は完璧と言えるほどで、語り手、父、子供、魔王の四つの役を見事に歌い分けている。この上なくドラマチックで、真に迫ってくる。ドイツ語が理解できなくても、その役柄が完璧に理解できる。

ほかにも名演奏は多いが、ソプラノ（女性の高い声）のエリーザベト・シュヴァルツコップの録音は異様に劇的である。彼女もまたドイツが生んだ名歌手だが、彼女が歌う魔王の優しさと甘い囁《ささや》きは不気味さの極致である。しかし最後に「Gewalt」と叫ぶ時の恐ろしさはどの歌手からも味わえない迫力に満ちている。全体に演出過剰と言えなくもないが、ここまでやってくれればむしろ天晴《あっぱ》れである。

最後に「魔王」ファンにはたまらないCDを紹介しよう。何と一八人の名歌手が「魔王」を歌ったCDがある。前記の二人ももちろん入っているし、ロッテ・レーマン、フリーダ・ライダーといった伝説的なソプラノ歌手もいる。声もソプラノ、メゾソプラノ、アルト、テノール、バリトン、バスの六種類にまたがり、歌詞も原詩のドイツ語（一四曲）、フランス語（二曲）、英語（一曲）、日本語（一曲）と多岐にわたっている。これ一枚あれば、様々な「魔王」が聴き比べられる。歌手によって、歌い方がまったく異なるのがわかるだろう。そしてその中の変わり種として、管弦楽伴奏にテノール、バス、ボーイソプラノの三人で歌ったものもある。まさにお買い得の一枚である。

第一〇曲

新手法「ライトモティーフ」の麻薬的な魅力

ヴァーグナー「ヴァルキューレ」

お薦めの１枚

■サー・ゲオルグ・ショルティ指揮
■ヴィーン・フィルハーモニー管弦楽団
■1962年録音
■Decca
（ワーグナー・オペラ・レコーディングズ）
規格品番：4783707

文学史と音楽史の両方に名を残した男

リヒャルト・ヴァーグナー（一八一三―八三）はクラシック音楽界の「突然変異」とでも呼びたいような不思議な作曲家である。若い時の習作は除いて、主要作品のすべてはオペラという特異さもさることながら、驚くのは、その台本も彼自身が書いていることだ。

普通、オペラは台本作家がいて、作曲家はその台本に合わせて曲を書いていく。音楽的な才能と文学的な才能はまったく異なるものだからだが、ヴァーグナーは何もかも一人でやった。「シンガーソングライター」のはしりのような存在と言えるが、現在のシンガーソングライターの多くが、作曲部分はメロディーのみで、オーケストラ・パートはプロの編曲者が書いている。ところがヴァーグナーは何時間もかかる芝居の台本を書いた上で、重厚なオーケストラの総譜を一人で書いた。彼のように、文学史と音楽史の両方に名を残す作曲家はクラシック音楽の長い歴史の中に他には一人もいない。

彼の台本の文学性と精神性は今日でも非常に高く評価されており、十九世紀の天才哲学者ニーチェが若い頃（ヴァーグナーより三十一歳年下）、ヴァーグナーの革命的な思想と芸術性に傾倒したのは有名である（彼の最初の著作『悲劇の誕生』のテーマはヴァーグナーである）。もっともニーチェは後に彼の俗物性を嫌悪し、最後は「ヴァーグナーは病気である」と吐き捨ててはいるが。

当然のことだが、音楽家としてのヴァーグナーは文学以上に凄い。不協和音を大胆に駆使し、常識外れの対位法を用い、時にはほとんど無調とも思える旋律さえ書く、まさに破天荒な作曲家だった。そんなヴァーグナーの畢生《ひっせい》の大作と言われるのは、「ニーベルングの指環」（以下「指環」と略す）だが、このオペラは上演するのに四日もかかるというとんでもない曲だ。CDで休みなく聴いても十三時間はかかる。

前にも書いたが、私の学生時代はレコードは怖ろしく高価で、一枚二〇〇〇円以上した。

だから「指環」の全曲レコードなどは、とても手が出なかった。それで毎年、年末にNHK-FMで放送される「バイロイト音楽祭」をカセットテープに録音するのが恒例行事だった。「バイロイト音楽祭」とは、毎年、夏にドイツのミュンヘン郊外にあるバイロイトという街で行なわれるヴァーグナーのオペラだけをやる音楽祭である。その時のライブ放送が年末に放送されるのだが、もちろん「指環」は四日かかって放送される。ぼくら金のないヴァーグナー・ファンの学生は、カセットデッキの前に何時間も陣取って録音するのだが、六十分テープだと三十分ごとにテープをひっくり返したり交換したりしなくてはならない。だからたまにうっかりして、貴重な名場面の録音を取り逃がすこともよくあった。

「ライトモティーフ」という新システム

前置きが長くなったが、今回は「指環」の中から「ヴァルキューレ」を紹介しよう。「指環」は四部作で、「ラインの黄金」「ヴァルキューレ」「ジークフリート」「神々の黄昏《たそがれ》」から出来ている。物語は、世界を支配できるという魔力を秘めた指環をめぐって、神々と地下のニーベルンク族が争うという、何ともスケールの大きいというか、馬鹿馬鹿しいというか、複雑怪奇な筋立てで、ここでそれを要約するのはとても無理なので、割愛する。

「指環」の中でも「ヴァルキューレ」は特に人気の高い曲で、このオペラだけでよく単独上演されることがある。それでも劇場で見る時は、幕間《まくあい》の休憩を含めると五時間はかかる。

ヴァルキューレとは戦いの女神たちで、彼女たちは空飛ぶ馬に跨《また》がって戦場を駆け巡る。映画『地獄の黙示録』で、戦闘へリコプターがナパーム弾で森を焼く有名なシーンのバックに使われている音楽は「ヴァルキューレの騎行」と呼ばれている曲で、これは第三幕の冒頭で、ヴァルキューレたちが「ホーヨートーホー！」という叫び声を上げながら、勇ましく空を飛びながら集まってくるシーンの曲である。わずか数分にすぎない音楽だが、この部分を聴くだけで、ヴァーグナーの桁外れの凄さがわかる。

ところで通常オペラは、「アリア」や「二重唱」「三重唱」「合唱」が聞かせどころであり、それ以外の部分はレチタティーヴォやセリフなどでつないでいくが、ヴァーグナーのオペラでは、音楽は一切切れ目なしで続いていく。つまり独立した「アリア」や「二重唱」などはなく、台本上のすべての言葉に音楽がついているのだ。彼自身は、これを「楽劇」と呼び、オペラとは別物という意識を持っていた。

そして「ライトモティーフ」という手法を発明して、音楽全体に統一性を与えた。登場人物や感情などを表すテーマ（モティーフ）を作り、それらを組み合わせて、音楽を進行させていく方法だ。たとえば舞台上で一人の女性が立っていて、そこに「ある男性」のモティーフと「愛情」のモティーフを組み合わせることによって、その女性がその男性に恋しているということを音楽で表現してしまうというわけだ。「ヴァルキューレ」の中には、こうしたモティーフが一〇〇以上あり、ヴァーグナーはそれらのテーマを、様々に変奏や転調して組み合わせ、壮大な音楽を作り上げた。ちなみにこの「ライトモティーフ」というシステムは、後にハリウッドの映画音楽で取り入れられた。

こう書くと、素晴らしいシステムに思えるかもしれないが、初めてヴァーグナーのオペラ（彼自身に言わせれば「楽劇」）を聴いて、どれが何のモティーフかわかる人など誰もいない。彼自身は、どの旋律が何のモティーフであるかなど、まったく説明していないからだ。彼の音楽はやたらと音が多い上に、旋律も同時にいくつも鳴る。それが切れ目なく一時間以上延々と続くので、これを一度聴いて好きになる人はいないと断言できる。

ところが何度も聴くうちにモティーフがだんだんわかるようになり、やがてそれらの組み合せも聴きとれるようになった頃には、「ヴァーグナーの魅力」にとことん取り憑《つ》かれていることになるのだ。その魅力は他の作曲家の魅力とはまったく違ったもので、しばしば「麻薬的」とか「ヴァーグナーの毒」と言われることもある。

話を「ヴァルキューレ」に戻すと、この楽劇は音楽もストーリーも最高に素晴らしい。実を言えば、私自身はヴァーグナーの文学性には少々疑問を持っているのだが、「ヴァルキューレ」のストーリーは、筋立ての面白さ、劇的な緊迫感、クライマックスの盛り上げ、結末の余韻と、これほど完成度の高い物語は一流の劇作家でも容易に書けるものではない。そこに描かれているものは、愛、怒り、悲しみ、復讐、性、死、復活、運命等々、もう盛り沢山過ぎて、映画数本くらい見た気分になる。

第一幕では登場人物はわずかに三人。嵐の中、大勢の敵との戦いで傷ついたジークムントが森の中にある屋敷に辿りつくシーンから始まる。しかしその屋敷は敵の首領フンディングの屋敷であり、屋敷を守るその妻は幼い頃に生き別れた双子の妹ジークリンデだった。ジークリンデは盗賊にさらわれ、フンディングの妻にされていたのだ。ジークムントとジークリンデはそれとは知らぬままに、見た瞬間に愛し合う。やがてフンディングが戻ってくるが、ジークムントには戦う武器がない。フンディングは森のしきたりとして、一夜の宿を貸すことを約束するが、翌日には殺すと告げて、部屋に鍵をかける。

もはやこれまでと覚悟したジークムントだったが、部屋の中にあるトネリコの大木に深々と突き刺さった剣を見出す。この剣こそ、彼の父であるヴォータンの剣だった。ヴォータンはフンディングとジークリンデの婚礼の日に、旅人に扮してやってきて、「これを引き抜いた者に与えよう」と言って、剣を突き刺したのだ。彼は、いずれ運命の糸に操られてジークムントがやってくるのを予期していたのだ。剣は誰にも抜くことができず、長い年月そこに眠っていた——。

こうしてストーリーを書いていると、何とも荒唐無稽《こうとうむけい》なロマンに思えるかもしれないが、音楽を聴けば、誰もがその異様なドラマに圧倒される。数奇な運命に引き裂かれたジークムントとジークリンデが愛し合う（厳密には近親相姦ではあるが）シーンのこれ以上はないというくらいの禁断で甘美な音楽、そしてクライマックスでジークムントが剣を引き抜く時の迫力は言葉では表現できないほど凄い。剣が光を放つ様までもが音楽を聴けばはっきりとわかる。

第二幕では、神々の住むヴァルハラの城が舞台だ。ここでジークムントは、神々の長ヴォータンが世界征服のために「英雄」を作るために人間に産ませた子供であることがわかる。しかしその野望は近親相姦という許されぬ事態のために潰《つい》える。そのためヴォータンはヴァルキューレの一人であり娘であるブリュンヒルデにジークムントに死を与えるように命ずる。ブリュンヒルデがジークムントに死を告げるシーンは哀切極まりなく、また実に鬼気迫る音楽であり、まさしくヴァーグナーの真骨頂である。

第三幕では、父であるヴォータンの命令に背いたブリュンヒルデは、彼の怒りを買い、神性を奪われて岩山で長い眠りに就かされ、彼女を最初に見つけた男のものとなる恐ろしい運命を与えられる。しかしブリュンヒルデは「臆病者の所有物にはなりたくない」そして「この山を火で覆ってくれ」と懇願する。ヴォータンは彼女の切なる願いを受け入れ、山を火で覆って、愛する娘と永遠の別れを告げる——。この部分は「ヴァルキューレ」の全曲の白眉である。私はこのシーンを何度聞いても胸が震えるほど感動する。ヴァーグナー以前にも以後にも、これほどの音楽を書けた作曲家はいない。

まったく余談になるが、拙著『風の中のマリア』（講談社文庫）の登場人物（オオスズメバチであるが）の名前のいくつかは、この「ヴァルキューレ」から借りている。オオスズメバチのワーカー（働き蜂）はすべてメスであり、彼女たちは連日のように野山を飛び回って、あらゆる虫を狩る。まさに戦いの日々であり、その過酷さゆえほとんどのワーカーが羽化後三十日の寿命をまっとうすることができない。空を飛ぶ勇敢な彼女たちは、まさしく戦場の女神であるヴァルキューレを連想させたからだ。それともう一つ、作中には三頭のオスバチが登場するが、この名前にはジークムントが名乗る三つの偽名を拝借している。

DVDよりCDのほうがお薦め

ところでオペラはDVDで観る方が圧倒的にわかりやすいが、市販されている「ヴァルキューレ」のDVDにはどれも不満があり、お薦めしにくい。むしろ映像のないCDを聴いて、自由な想像力を働かせてもらいたいと思う。実際、ヴァーグナーの描く「光を放つ剣」「空飛ぶ馬」「燃えさかる山」などは、舞台上で見せることはほぼ不可能だ。それでもDVDで観たいとおっしゃる方には、ジェームズ・レヴァイン指揮のメトロポリタン歌劇場管弦楽団の演奏をお薦めする。ブリュンヒルデを歌うヒルデガルト・ベーレンス（ソプラノ）は容姿が美しい上に歌唱も見事。ヴォータンを歌うジェームズ・モリスもいいし、ジークリンデを歌うジェシー・ノーマンも凄い迫力だ。

推薦CDは、いまや歴史的名盤となっているが、サー・ゲオルグ・ショルティ指揮のヴィーン・フィルハーモニー管弦楽団の演奏がやはり素晴らしい。新しい録音ではクリスティアン・ティーレマン指揮のバイロイト祝祭管弦楽団の演奏がいい。

ただ、私の個人的な好みはハンス・クナッパーツブッシュがバイロイト音楽祭で指揮した実況録音盤だ。一九五六年のライブ録音なので、音も悪く、オーケストラにもミスがあるが、演奏は文句なしだ。ブリュンヒルデを歌っているのはアストリッド・ヴァルナイ。拙著『風の中のマリア』で女王蜂の名前に使わせていただいたほど、この歌手は私のお気に入りである。彼女がジークリンデを歌った一九四一年のメトロポリタン歌劇場のライブも私の宝物だ。指揮はエーリヒ・ラインスドルフ。

ヴィルヘルム・フルトヴェングラー指揮のヴィーン・フィルハーモニー管弦楽団の演奏もいい。ブリュンヒルデを歌っているマルタ・メードルも私の大好きな歌手だ。フルトヴェングラーの指揮するイタリア放送交響楽団で歌ったライブも演奏も素晴らしい。

第一一曲

はたしてこれは純粋に音楽か？

パガニーニ「二四の奇想曲」

お薦めの１枚

■ヴァイオリン：五嶋みどり
■1988年録音
■ソニー・ミュージックジャパンインターナショナル
規格品番：SICC-30082

「悪魔に魂を売り渡した」としか考えられない技巧

クラシックの作曲家や演奏家は、過去の有名曲の主題を借りて変奏曲を書くことをよくやる。バッハやモーツァルトの曲は引っ張りダコでもある。ところが変奏曲の主題として圧倒的な人気を誇る曲は、実はバッハでもモーツァルトでもベートーヴェンでもない。その曲はパガニーニの「二四の奇想曲（カプリース）」という曲集の中の第二四番なのである。

この主題を変奏曲にした作曲家には、リスト、シューマン、ブラームス、ラフマニノフなど錚々《そうそう》たる名前が並ぶ。変わったところでは「スウィングの王様」と呼ばれたジャズのクラリネット奏者ベニー・グッドマンもいる。また歴史的なピアニストやヴァイオリニストたちの多くもこの主題の変奏曲を書いている。いったい「二四の奇想曲」のどこにそんな魅力があるのだろうか？　それを語る前にまず、この曲を作ったパガニーニについて語ろうと思う。

ニコロ・パガニーニ（一七八二―一八四〇）はイタリア出身のヴァイオリニストで、彼こそは十八世紀から十九世紀にかけての最大のヴィルトゥオーソだった。ヴィルトゥオーソというのは前述したが超絶的な演奏技術を持つプレーヤーに与えられる称号である。彼のテクニックは当時の人々の想像を絶するものだった。

実は楽器演奏の技術もスポーツの技術と同様、時代が下れば下るほど進歩する。つまりいかにパガニーニが凄いとはいえ、彼の技術は二百年前のものであり、当然、現代のヴァイオリニストの方がテクニックは上である。同じ頃、当代随一のピアノの名手と言われたベートーヴェンもまた、現代の基準で言えば、おそらくそれほど驚くようなものではないだろう。しかし彼らの偉大さは同時代を超越したところにある。それまで誰も為しえなかったテクニックを開発したことが何より素晴らしいのだ。

ただ、パガニーニのヴァイオリン演奏は、過去の名だたるヴィルトゥオーソとは別格のような気がする。というのも彼の演奏を実際に聴いた人々が書き残した文章を読むと、単にヴァイオリンを上手く弾くというレベルを超えているとしか思えないからだ。

パガニーニはヴァイオリン演奏の技術を獲得するために、悪魔に魂を売り渡したと当時の人々に半ば本気で信じられていた。そのため彼の演奏会では、多くの聴衆は胸の前で十字を切ったり、また演奏中の彼が空中に浮かんでいると思い、彼の足元を注視したりした。だからパガニーニが亡くなった時は、どこの墓地も彼を埋葬することを嫌がり、そのため遺体は防腐処置を施されて各地を転々とし、何度も改葬された末、最終的にイタリアのジェノヴァの共同墓地に埋葬されたのは、何と二十世紀になってからだった。

その人生も数奇なもので、若い頃は賭博と恋愛に夢中になり、大負けしてヴァイオリンを取られたこともある。また多くの女性と浮名を流し、その中にはフランス皇帝ナポレオン・ボナパルトの二人の妹エリーズとポーリーヌ（二人とも美人であった）の名前もある。

パガニーニの演奏は重音奏法や倍音奏法など、ありとあらゆる技法を駆使したもので、あまりの素晴らしさに、演奏会ではいつも失神する者が出た。ヴィーンでパガニーニの演奏を聴いたシューベルトは、「天使の声を聴いた」という感激の言葉を残している。

ところが実はパガニーニが使ったテクニックはよくわかっていない。というのも彼は自らのテクニックを誰にも教えず、また楽譜すらも残さない徹底した秘密主義を貫いたからだ。当時は著作権もなく盗作や剽窃《ひょうせつ》は当たり前の時代だった。そのため彼は自作のヴァイオリン協奏曲を演奏する場合も、オーケストラの楽員には練習が始まる直前までパート譜を見せず、しかも練習中は自身のソロパートは演奏しなかった。そして演奏会が終わるやいなやパート譜を回収した。また彼は亡くなる直前にそれらの楽譜の多くを焼却してしまった。また残った楽譜も遺族が売り払ってしまい、ほとんどが行方不明になった。

今日、パガニーニのヴァイオリン協奏曲は六曲発見されているが、それらは彼自身が書いたものではなく、彼の演奏を聴いた人が譜面に起こしたものである。またオーケストラのパート譜は、彼が敢えて簡単に（別の言い方をすれば適当に）書いたふしがある。その理由は、オーケストラの楽団員にあまり練習時間を与えなかったために、初見で演奏できるくらいの易しいものにしたからという説と、楽団員に自分の音楽を盗まれることを怖れるため、パート譜といえども本気で書かなかったからという説がある。

ヴァイオリン一台だけで弾いているとは思えない

そんなパガニーニが珍しく出版した曲が、今回紹介する「二四の奇想曲」である。作品番号一のこの曲は珍しくパガニーニの自筆譜も残っている。ヴァイオリン一台で弾くための曲で(無伴奏)、パガニーニが自身の演奏技巧のすべてを注ぎ込んで書いた。その超絶技巧は、現代の一流ヴァイオリニストさえも尻込みすると言われている。

自筆譜の写真を見たことがあるが、ヴァイオリンのことは何も知らない私の目にも、恐ろしく複雑怪奇な楽譜であることだけはわかった。CDで聴くと、驚きはさらに大きなものになる。どう聴いてもヴァイオリン一台だけで弾いているとは思えないのだ。

ヴァイオリンはピアノと違って右腕一本で弾く。だから基本的に旋律線は一つなのだが、重音奏法や左手のピチカート(指で弦をはじく奏法)を駆使した演奏によって、まるで二重奏三重奏に聴こえるのだ。これを聴いた二百年前の聴衆が、悪魔が弾いていると思ったのも無理はない。

ただ、ここで正直に言えば、私自身はこの二四曲全部を通して聴くことはまずない。どれもこれも凄い音楽なのだが、あまりにも複雑怪奇な曲で、一曲聴くとぐったりしてしまい、とても連続して何曲も聴けないのだ。それに聴いていると、はたしてこれは純粋に音楽なのだろうか？　という疑問も湧いてくる。まるでヴァイオリンの超絶技巧を披露するためだけに作られた音楽ではないのかという気になってくるのだ。そうはいっても、一曲ずつ取り出して聴けば、最初の一音から夢中にさせられてしまう。中でも、その最後を飾る二四番「イ短調」は私のお気に入りでもあり、それだけを取り出して聴くことが多い。そしてこの曲こそ、冒頭で書いた多くの音楽家を魅了した問題の曲である。

曲は変奏曲だが、まず現れる一二小節の主題は実に不思議な雰囲気を持つメロディーだ。悲しげでありながら、どこか扇情的で、メランコリックなムードを漂わせる一方、激しいパッションに満ちている。このエキゾチックな曲を聴いて心を乱されない人はいないのではないかと思う。何とも異様で妖しい旋律だ。しかも変奏が進むにつれ、曲は千変万化し、広大な世界を見せる。パガニーニ一代の傑作と呼ぶにやぶさかではない。

この曲を耳にした多くの作曲家たちは、この魅力に溢れたメロディーをとことん追求してみたいという欲望に抗《あらが》えなかったのだろう。前述したように後に多くの作曲家が編曲したり変奏曲を書いたりしている。その中に名曲はいくつもあるが、特に有名なのはブラームスのピアノ独奏のための「パガニーニの主題による変奏曲」で、彼のピアノ曲の中では屈指の難曲として知られる。またラフマニノフの「パガニーニの主題による狂詩曲」も人気曲である。この曲はピアノと管弦楽の大規模な曲で、彼の代表作の一つである。「ピアノのパガニーニになる」と決意したリストもまた「パガニーニの主題による大練習曲」という豪華絢爛《ごうかけんらん》たる変奏曲を書いている。他にもまだ名曲はいくつもある。原曲を聴いて興味を持たれた方は是非、それらの編曲を聴いてみることをお薦めする。

天才少女、五嶋みどり

さて「二四の奇想曲」は凄まじい難曲だけに、現代のヴァイオリニストでもよほど腕に自信がなければ、録音に挑まないと言われる。またいかに名人でも老いると演奏が困難な曲でもある。現在カタログにあるCDの中で、技巧的に完璧と思えるのは五嶋《ごとう》みどりの演奏である。これを録音した時、五嶋はわずか十七歳だったというから、まさしく天才少女以外の何物でもない。

サルヴァトーレ・アッカルドの演奏も素晴らしい。これまた十七歳でパガニーニ・コンクールに優勝し、「パガニーニの再来」と謳われた天才であるが、録音したのは三十歳を超えてからで、技巧的にも音楽的にも最高級のレベルに達している。シュロモ・ミンツとイツァーク・パールマンの演奏も文句のつけようがない。一流のヴァイオリニストが全盛期に録音した演奏なら、何を聴いてもまず不満はないだろう。

第一二曲

ムソルグスキー「展覧会の絵」

第四曲「ビドロ」の謎

アバンギャルドと呼ぶにふさわしい組曲

十九世紀のロシアで民族主義的な音楽を志していた「ロシア五人組」と呼ばれる作曲家の一人であったモデスト・ムソルグスキー（一八三九―八一）は、親友の画家兼建築家、ヴィクトル・ガルトマン（ハルトマンとも）の遺品を集めた展覧会に行き、そこで見た絵にインスピレーションを受けて一八七四年に一気《いっき》呵成《かせい》にピアノ組曲を書き上げた。それが「展覧会の絵」である。

「プロムナード（散歩）」と名付けられた緩やかな曲から始まり、一〇の短い曲が続く。そ

お薦めの１枚

■ヘルベルト・フォン・カラヤン指揮
■ベルリン・フィルハーモニー管弦楽団
■1965～66年録音
■ユニバーサル ミュージック
規格品番：UCCG-5244

れぞれの曲にはガルトマンの作品のタイトルが付けられている。曲の間にはいくつか「プロムナード」が挟まり、ムソルグスキー自身が展覧会場を歩いている様子が描かれている。

ムソルグスキーは、ロシア五人組の中でも最も「反ヨーロッパ音楽」の道を突き進んだ作曲家だったので、「展覧会の絵」はクラシック音楽に耳慣れた人にとって、奇妙なメロディーと響きを持つ。さらにガルトマンという画家も革新的な芸術家であっただけに、その絵にインスパイアされた曲はまさに「アバンギャルド」と呼ぶにふさわしいものになった。ただここでのムソルグスキーの描写力とイマジネーションは驚異的である。クラシック音楽の辺境の地にあった当時のロシアで、これほどの天才が生まれたのは奇跡としか言いようがない。

裕福な地主の末っ子として生まれたムソルグスキーは、幼い頃から音楽の才能に恵まれたが、軍人を志して十三歳で士官学校に入る。十七歳で近衛連隊に入隊するが、そこで軍医として勤めていたボロディン（前述のロシア五人組の一人）と出会い、彼に触発され作曲を始めた。十九歳で退役した彼は本格的に音楽家への道を進むが、二十二歳の時に「農奴解放」で家が荘園のほとんどを失ったため、生活のために下級官吏となる。しかし生活は苦しく、やがて酒びたりとなる。

ムソルグスキーが「展覧会の絵」を作曲した頃は、アルコール依存症による狂気の症状が出ていた時期で、「展覧会の絵」が非常に前衛的なのはもしかしたら、その影響も少しはあったのかもしれない。

ムソルグスキーの創作意欲を触発したガルトマンの原画は展覧会の後にほとんどが散逸《さんいつ》したが、現在ではその多くが発見され、ムソルグスキーの曲に使われた絵との確定作業が済んでいる（一部未確定）。それぞれの原画と音楽を以下に簡単に記す。

第一曲「グノーム」はロシアの伝説にある地の底に住む奇怪な「こびと」の絵で、ムソルグスキーはグノームが奇妙に動き回る様を不気味に描いている。

第二曲「古城」は古い城が静かにたたずむ様子が東洋的な調べで印象的な曲だ。

第三曲「チュイルリーの庭」は無邪気な子供たちが遊ぶ様子が微笑ましく表現されている。

第四曲はひとまず飛ばして、第五曲「卵の殻をつけた雛《ひな》の踊り」はかわいい雛の動きを表現したユーモラスな曲だ。

第六曲「サムエル・ゴールデンベルクとシュムイレ」は金持ちのユダヤ人と貧乏なユダヤ人を描いた二枚の絵をもとに、ふんぞりかえった傲慢な男とぺこぺこしながら卑屈に頭を下げる男を戯画的に描いている。

第七曲「リモージュの市場」は人々がごったがえす市場の情景を描いた曲。

第八曲「カタコンブ（ローマ時代の墓）」は一転して死の香りが漂うような静謐《せいひつ》な音楽となっている。

第九曲「ババ・ヤガー」はロシアの伝説の魔女を描いた曲。魔女が箒《ほうき》に乗って空を飛ぶ幻想的で異様な世界が広がる。

ここまでこの組曲は万華鏡のように千変万化し、そのどれもが短いため息が出るほど魅力的な音楽となっているが、紙面の都合で詳しく書けないのがつらい。

そして曲はいよいよ終曲の「キエフの大門」を迎える。ここで「展覧会の絵」はこれまで一度も見せなかった荘厳な姿を現す。原画はガルトマンが十一世紀にあったウクライナの首都キエフの「黄金の門」を再建するために描いたスケッチで、ムソルグスキーの音楽はまさに巨大な門を見上げているかのような壮大な世界を展開する。組曲のラストにふさわしい華麗な音楽だ。

「ビドロ」の絵はどこにある？

以上、一曲だけを除いて、「展覧会の絵」のそれぞれの曲の原画と曲を説明してきたが、さて問題は現在に至るも唯一原画が未発見の第四曲の「ビドロ」である。

「ビドロ」とはポーランド語で「牛車」を意味する。この曲が発表された当時、ムソルグスキーの友人であった高名な音楽評論家ヴラディーミル・スタソフ（ロシア五人組の擁護者《ようごしゃ》でもあった）は「荷車を引く牛」と説明した。たしかに音楽は、牛が重い荷車を苦しそうに引いて歩くような音楽になっている。実に不気味で異様な迫力のある曲で、「展覧会の絵」の中では、終曲の「キエフの大門」に匹敵する名曲である。

ところが実は「ビドロ」の原画が牛車を描いたものであるのかは疑問とされている。というのもガルトマンの絵に牛や荷車を描いたものは一枚も発見されていないからだ。また奇妙なことに、ムソルグスキーが前記のスタソフにあてた手紙の中に、「僕と君との間では、サンドミールで描かれた『ビドロ』は牛車のことにしておこう」という謎めいた文章が残っている。サンドミールはポーランドの都市である。つまり「ビドロ」はガルトマンがポーランドで描いた絵だということがわかる。ところがガルトマンのカタログの中に「ビドロ」というタイトルの作品はない。おかしなことはもう一つある。「展覧会の絵」の自筆譜の第四曲のタイトルをムソルグスキー自身がナイフで丁寧に削り取り、その上に「ビドロ」と書いているのだ。

一九九一年にNHKのスタッフと作曲家の團伊玖磨《だんいくま》氏が「展覧会の絵」の原画を求めてソ連で取材調査を行なったが、そこで彼らは非常に興味深い事実にぶつかった。苦労の末に、ガルトマンがポーランドで描いた一枚のスケッチ画を発見したのだ（ポーランドで描かれた絵で発見されたのはその一枚だけ）。

鉛筆で描かれたそのスケッチ画には牛車は描かれていなかった。そこに描かれているのは、兵士と群衆、教会とギロチンである。タイトルは「ポーランドの反乱」。ここでNHKスタッフは「ビドロ」というポーランド語の不気味さに気付く。実はビドロには「牛車」以外にもう一つの意味があった。それは「（牛のように）虐げられた人」という意味である。ポーランドは長い間ロシアに支配されてきた。圧政に苦しみ、何度も反乱を企てたが、そのたびにロシアの軍隊に鎮圧され、多くの民衆が殺された。

NHKスタッフと團伊玖磨氏は、「展覧会の絵」の「ビドロ」の原画がこの絵であるという結論は下さなかったが、当時、テレビを見ていた私は腑に落ちた記憶がある。なぜなら

「ビドロ」の音楽の異様な暗さはまさしくそれだと思えたからだ。「ビドロ」を聴くと、そこには圧政に喘《あえ》ぐポーランドの民衆の苦しみが伝わる気がする。奴隷のように過酷な労働を強いられた苦しみは、鞭打たれて重い荷車を引く牛の姿に重なる。

これは私の想像だが、ムソルグスキーは「ポーランドの反乱」というタイトルはロシア政府に睨まれると怖れ、一旦は書いたタイトルを削り取り、その上に「ビドロ」というポーランド語を書いたのではないだろうか。もちろん想像である。彼が展覧会で見た絵が「ポーランドの反乱」であるという証拠もない。しかしそんなものは抜きにしても、「ビドロ」の音楽の異様な迫力は単に荷車を引く牛には思えない。

漫画家の手塚治虫氏は一九六六年にセリフのない実験的アニメ「展覧会の絵」を作っているが、そこに「ビドロ」の音楽をBGMにして、二十世紀のオートメーション工場で奴隷のように働かされる工場労働者の姿を描いている。手塚は芸術家の感性で、「ビドロ」の中に迫害される人々の苦しみを聴きとったのかもしれない。

「展覧会の絵」はムソルグスキーの生前は出版されず、また一度も演奏されたことがなかった。ムソルグスキーはこの曲を書いた七年後に四十二歳で亡くなる。死ぬ十日前に描かれた肖像画は有名だ。これは友人であるロシアの天才画家イリヤ・レーピンが描いた傑作だが、この時レーピンはアルコール中毒でひどい身なりに落ちぶれた友人を見て、「これがかつて貴族出身の連隊将校であった人物なのか」という慨嘆の言葉を書き残している。

ムソルグスキーの死後何年か経て、ロシア五人組の一人リムスキー＝コルサコフが遺品の中からこの曲を発見し、楽譜に手を加えて出版した。手を加えたのはムソルグスキーのオリジナルはあまりにも前衛的で、当時の一般大衆の耳には受け入れられないと考えたからだが、それでもこの曲が注目されることはなかった。

一九二二年に「ボレロ」で有名なフランスの作曲家ラヴェルが管弦楽に編曲して演奏したことがきっかけとなり、初めて脚光を浴びた。「オーケストラの魔術師」とよばれるほど巧みな管弦楽法を持っていたラヴェルは原曲の楽譜を見て、そこに大オーケストラの響きを見てとったのだ。彼の編曲版は注目を集め、「展覧会の絵」はムソルグスキーの死後四十年以上経って人気曲となった。しかし皮肉なことにラヴェル編曲があまりにも有名になってしまい、オリジナルのピアノ組曲は忘れられた形となった。またピアノで演奏される際もほとんどがリムスキー＝コルサコフ版で、人々がオリジナル版の真価に気付くようになるのは第二次世界大戦後のことである。

決してお薦めはできない強烈な演奏

さて推薦盤だが、名盤が多すぎて困る。ラヴェル版ならカルロ・マリア・ジュリーニ指揮シカゴ交響楽団の演奏が見事。オーケストラの上手さには舌を巻く。ヘルベルト・フォン・カラヤン指揮ベルリン・フィルハーモニー管弦楽団、シャルル・デュトワ指揮モントリオール交響楽団、クラウディオ・アバド指揮ベルリン・フィルハーモニー管弦楽団の演奏もいい。レオポルド・ストコフスキー指揮ニュー・フィルハーモニア管弦楽団の演奏は指揮者自身の編曲版であり、ラヴェル版に比べてロシア色が色濃く出ていて面白い。ロシアの怪物的指揮者ニコライ・ゴロワノフ指揮のモスクワ放送交響楽団は常軌を逸した凄まじいもので、決してお薦めは出来ないが、数ある同曲のCDの中では最も強烈な演奏である。

ピアノ演奏ではスヴャトスラフ・リヒテルが素晴らしい。いくつも優れたライブ録音を残しているが、五八年に行なわれたソフィア（ブルガリアの首都）での実演は鬼気迫る。ヴラディーミル・ホロヴィッツの彼自身の編曲による超絶演奏も忘れがたい（複数あり）。アルフレッド・ブレンデル、ヴラディーミル・アシュケナージ、エフゲニー・キーシンもいい演奏である。アシュケナージは指揮をしてのオーケストラ演奏もある（編曲は彼自身）。

第一三曲

「滑稽な変人」が書いた巨大な交響曲

ブルックナー「第八交響曲」

お薦めの１枚

■ケント・ナガノ指揮
■ベルリン・ドイツ交響楽団
■2006年録音
■Arthaus Musik
（DVD）
規格品番：101435

ヴァーグナーも及ばないような壮大さ

クラシック音楽は、曲が作曲家の人間性を表しているところがある。シューベルトを聴けば、誰もが心優しい孤独な男を思い浮かべるだろうし、ベートーヴェンの中期の傑作群を耳にすれば、困難に立ち向かう不屈の男を容易にイメージできる。ショパンからは薄倖《はっこう》で繊細な芸術家を連想できる。もっともこれは実像に照らし合わせた後付けのイメージも相当あるが、それでもその曲にはやはり作曲家の性格や人間性が顔を出すものである。

ところが面白いことに、人間性が想像もつかないような音楽を書いた作曲家が何人かいる。その代表的な人物がアントン・ブルックナー（一八二四―九六）だ。

ブルックナーは私がベートーヴェン以降の「最大の交響曲作曲家」と思っている音楽家であるが、彼の凄さを知るには「第八交響曲」を聴いてもらえばいいだろう。私は大学生の時、この曲を聴いて大きなショックを受けた。これほどスケールの大きな音楽を聴いたことがなかったからだ。ベートーヴェンやブラームスも及ばないような大伽藍《がらん》のような曲だった。

構造そのものがとてつもなく巨大で、演奏時間も一時間二十分は優にかかる。版にもよるが、ゆったりした演奏だと一時間半を超える。内容は極めて深遠、広大で、宇宙を連想させる。これほどの曲を文字で説明するのは無理があるが、敢えて解説を試みてみよう。

第一楽章はゆっくりと開始するが、やがて激しく力強い音楽となる。しかし決して荒々しくはならない。時に優美に、時に力強く、寄せては返す波のように、高揚と沈潜を繰り返しながら、最後は静かに消えるように終わる。続く第二楽章のスケルツォは、「野人」と言われたブルックナーらしい不気味で奇妙な旋律が楽章を支配する。中間部の緩やかで幻想的なトリオの部分を経て、再び激しい音楽が暴れまわる。

第三楽章に入ると、一転して深い瞑想の世界に入る。この楽章は「幽玄の美」と呼びたくなるほど美しい。まさに夢のような世界であるが、一方、極めて視覚的でもある。個人的な感想で申し訳ないが、私には、アルプスの尾根から下界を見渡しているようなイメージが浮かぶ。それと同時に時間が止まったような感覚も味わう、実に不思議な音楽である。中間部で数台のハープがこの世のものとは思えないほどの美しい音色を響かせる。

圧巻は終楽章である。ブルックナーの音楽はしばしば「宇宙の鳴動」とも言われるが、この楽章の冒頭などは、その喩えが少しも大袈裟でないように思う。天地が震え、原始の地球の誕生を思わせるような壮大な音が鳴り響く。二十分を優に超える巨大な楽章で混沌とした世界が描かれるが、それは次第に巨大な姿を持って目の前に現れる。やがて神秘的ともいえるコーダ（終結部）を迎えるが、このコーダの素晴らしさには言葉を失う。ブルックナーは終生ヴァーグナーを尊敬していたが、このコーダの巨大さはヴァーグナーを超えたと言っても過言ではない。まさしく驚天動地の交響曲である。

自作に対する自信は皆無

ブルックナーは非常に前衛的な作曲家で、当時の聴衆にはなかなか理解できない音楽を書き続けた。「第三交響曲」の初演では、楽章が終わるたびに聴衆が席を立ち、終楽章が終わった時には客席はガラガラだったという。にもかかわらず、彼は頑固なまでに自分のスタイルを変えなかった。さて、皆さんはそうした作曲家からどういう人間を想像するだろうか。「確固たる自信家？」あるいは「他人の評価などは耳も貸さない頑固な性格の男？」あるいは「劣等感の裏返しからくる傲然《ごうぜん》たる態度を取る男？」——残念ながら、いずれも違う。

ブルックナーは生涯にわたって自信の無さを臆面もなくさらけだし、批評家や友人たちに作品を酷評されるたびに、彼らの忠告を無批判に受け入れ、生涯にわたってせっせと自作の書き直しに励んだ男なのだ。実は先の「第三交響曲」も初演の二年前に一度演奏が計画されたが、オーケストラに「演奏不可能」として拒絶され、その後、大改訂をしている。それでも初演が大失敗して、自信を失った彼はその後一年間も作曲活動をしなかったほどだ。

その後もブルックナーは作曲するたびに酷評され、初めて成功を収めたのは、なんと「第七交響曲」を書いた五十九歳の時だった。しかし、それでも自作に確固たる自信を持つことは出来ず、七十二歳で死ぬまで他人の評価に振り回された。

教会のオルガニストであったブルックナーは学も教養もなく、本もあまり読まなかった。有名な話だが、彼の愛読書は聖書を除くと、『メキシコ戦史』と『北極探検の世界』、そして『ハイドン、モーツァルト、ベートーヴェンの絵入り伝記』だった。文学的な素養はゼロに近いものであったにもかかわらず、自作の各楽章に文学的な解説を入れる癖があった。しかし彼の自作解説くらい無意味で馬鹿馬鹿しいものはない。たとえば「第八交響曲」の終楽章の冒頭は、彼自身によれば、「オルミュッツにおける皇帝陛下とツァーリの会見」を描いたものであり、「弦楽器はコサックの進軍、金管楽器は軍楽隊、トランペットは皇帝陛下とツァーリが会見する時のファンファーレを示す」らしいが、まったく意味がわからない。もちろん今日それをまともに受け取る演奏家やファンは皆無である。ブルックナーの自作解説を読むと、彼自身が自分の作品を理解していないのではないかと思うほどだ。

クラシックの作曲家には奇矯《ききょう》なエピソードが多い。それらは一種の狂気を帯びたものや、またどこか天才らしいユーモラスなものであるが、ブルックナーの場合は心から笑えないものが多い。たとえば多くの焼死者が出た火事場に喜んで行くとか、殺人者の裁判に傍聴に行くとか、自分が勤めている教会の前を気に入った女性が通ると声をかけて、住所を聞いたり、自作の交響曲について説明しだしたり、あるいは六十歳を超えても初対面の十代の少女に真剣に結婚を申し込んで少女や親を困らせたり、といった類いのものだ。ちなみに彼は亡くなるまで童貞であったとも言われている。

また敬愛するヴァーグナーにはるばるヴィーンからミュンヘンまで会いに行ったおり、自作の第二、第三の交響曲のスケッチを見てもらい、「第三交響曲がいいね」という感想をもらうと、大喜びで帰郷して二つの曲を完成させた後、ヴァーグナーに褒めてもらった曲を彼に献呈しようと思ったものの、どちらを褒めてもらったか忘れてしまい、手紙で「三番でしたか？」と訊ねるというしまりのないこともしている。

彼はまた日常生活においても、服のボタンはたいていどこか外れていて、左右に違う靴を履き、ズボンの前はいつも半分開いているというだらしなさだった。彼を初めて見たヴァーグナーの妻コジマは、あまりに貧しい身なりに物乞いと勘違いしたほどだ。また一種の強迫観念の持ち主で、町を歩いていて建物の窓の数が気になると全部数えずにいられなくなったりもした。しまいにはドナウ川の浜辺の砂粒まで数えようとしたとも言われている。

二十世紀の高名な社会学者コリン・ウィルソンはブルックナーのことをこう書いている。

「彼は不思議なほど不幸な男で、いわゆるチャーリー・チャップリン的人間であったことがわかる。大工が椅子の上から落とすペンキ缶は決まってこういう男にふりかかるのだ」

とにかく人間ブルックナーのことについて書かれたものを読めば読むほど、常に人々の失笑を買う滑稽な変人のイメージしか浮かんでこない。

ところが、である。ひとたび作曲に向かえば、これまで誰も書いたことがないほどの壮大な交響曲を書くのだから、これほど謎めいた男もちょっといない。その音楽が内包する圧倒的なまでの巨大さは他に比肩する者がない。まさしくブルックナーこそは、交響曲の世界で、ひときわ高く聳《そび》える高峰なのである。初演では酷評された「第三交響曲」も素晴らしい曲だ。「第四」も「第五」もすごい。

不思議でならないのは、これほどの曲を生み出しながら、自作に対する自信や信念などは皆無なことである。他人から批判されるたびに修正する癖は生涯治らず、晩年になっても若い頃の作品をせっせと書き直している。呆れたことに彼の最高傑作である「第八交響曲」にも多くの手直しが入っていて、改訂版がいくつもある。これは彼のほとんどの曲に共通していて、お蔭で、今日ブルックナーの演奏はかなり厄介なものになっている。ややこしいのはオリジナルであるはずの原典版でさえも複数あることだ。ブルックナーは習作を除いて九つの交響曲を書き残しているが（「第九交響曲」は厳密には未完）、もし自作の修正に夢中にならなければ、もっと多くの交響曲を書き残していただろう。本当に残念でならない。

見事なケント・ナガノ指揮のＤＶＤ

この曲の名演奏は実に多い。優れた名曲は誰が演奏しても、たいてい素晴らしいものになるので当然ではあるのだが、この曲に関しては本当に名盤が勢揃いしているように思う。古くはヴィルヘルム・フルトヴェングラーとハンス・クナッパーツブッシュ。前者はひたすら劇的で激しく、後者は悠揚迫らぬ大河のようであり、この二つはまさしく対極的な演奏だが、ブルックナーの曲はそのどちらの演奏も受け入れてしまう器の大きさがある。ただ、クナッパーツブッシュの演奏はブルックナーファンには人気の低い改訂版を使ったものだが、演奏の凄さがこれをカバーしている。

他には朝比奈隆、カール・シューリヒト、オイゲン・ヨッフム、ギュンター・ヴァント、ヘルベルト・フォン・カラヤンと、この曲を得意とする指揮者の演奏はどれもいい（以上の指揮者はライブ盤を含めて複数の盤がある）。

ただ、初めてこの曲に接する方には、古いモノラルよりもステレオの音のいい録音をお薦めする。ブルックナーの交響曲は響きが重要だからだ。最近、ＤＶＤでいたく感動したのは、ケント・ナガノ指揮のベルリン・ドイツ交響楽団の演奏だ。ゆったりとしたスケールの大きな演奏で、映像も見事。特に最終楽章のコーダは圧巻。ナガノ自身が語るインタビューやリハーサルを含めたドキュメンタリー映像も一時間近く付いていてお得なＤＶＤである。

第一四曲

チャイコフスキー「白鳥の湖」

チャイコフスキーの魅力がすべて含まれている

自殺を試みた時期の傑作

よく日本人が一番好きなクラシック作曲家はピョートル・イリイチ・チャイコフスキー（一八四〇─一九三）だと言われる。実際のところはどうか知らないが、我が国でチャイコフスキーの人気が高いのは間違いない。「第五交響曲」、「第六交響曲」（「悲愴」）、「ピアノ協奏曲第一番」、「ヴァイオリン協奏曲」などはコンサートでも抜群に人気が高い。

一方でクラシックの「通」を自任する人たちからは、長らくチャイコフスキーは一段低く見られるところがあったように思う。クラシック後進国のロシアの作曲家であり、また演歌

お薦めの１枚

■アンドレ・プレヴィン指揮
■ロンドン交響楽団
■1976年録音
■ワーナーミュージック・ジャパン
規格品番：WPCS-23031/2

を思わせる節回し、甘いセンチメンタリズム、バーバリズム（野蛮）とも言える剝きだしの迫力などが、俗っぽく見られていたのかもしれない。余談になるが「クラシック通」という存在は始末に負えないところがある。彼らは多くの人々が愛する通俗名曲を馬鹿にして、（自分だけが理解していると思い込んでいる）マイナーな曲を愛する（ことを吹聴《ふいちょう》する）傾向がある。しかしこの本を読んでいただいているクラシック初心者の皆さんは、そんな「通」の言葉に惑わされる必要はない。クラシック音楽の本当の傑作は、実は有名曲の中に圧倒的に多いのだ。

チャイコフスキーは欧米でも非常に人気が高い。過去現在の多くの名指揮者が彼の音楽を積極的にレパートリーに入れていることからも明らかだ。彼の音楽はドイツ音楽のようないかつさはなく、フランス音楽のようなぼやけた感じもない。美しいメロディーはとっつきやすく、それでいて骨太でスケールが大きい。料理に喩えると、とろけるようなステーキに濃厚なソースをかけたような音楽と言えるだろうか。そしてその味付けは万人向けである。そのあたりも「通」から軽く見られたところかもしれない。

チャイコフスキーは非常に心優しい人であったと伝えられている。小さな動物を愛し、また不幸な人や悲しんでいる人を見ると、ほうってはおけなかった。また同性愛者であったとも言われている。彼の音楽の繊細すぎる一面はもしかするとそういうことがあったのかもしれない。しかし一方で驚くほどに野卑な一面もある。それがチャイコフスキーの魅力の一つだが、私には彼の屈折した人間性が垣間見えるような気がする。彼の突然の死は同性愛者であったことを暴露されることを怖れての自殺と言われていたこともあったが、現在ではコレラによる急死が定説となっている。

今回は私が彼の音楽の中でもっとも好きな「白鳥の湖」を紹介したい。

この曲はポピュラーミュージックと言えるほど有名な曲で、「白鳥のテーマ」を聴けば、誰でも「ああ、この曲か」と思うに違いない。この曲をチャイコフスキーの代表作に取り上げるとは、百田尚樹の鑑賞眼もたいしたことはないなと思われる読者がいるかもしれないが、まったく気にしない。私は実はチャイコフスキーの最高傑作ではないかとひそかに思っているほどだ。というのは、「白鳥の湖」には彼の音楽の魅力がすべて含まれているからだ。この曲が書かれた三十六歳の時、彼は結婚生活の失敗や私生活で悩みを抱え、モスクワ川に身を投げて自殺を試みたほど精神的に追い詰められた時期でもあった。それほど辛い時期にこれほどの傑作を書いたというのがすごい。

チャイコフスキーはたしかに素晴らしい交響曲や協奏曲をいくつも書いた。それらが最良のドイツ音楽に匹敵するくらいの名曲であるのは論をまたない。ただ、こんなことを言えば世のチャイコフスキーファンからお叱りを受けるかもしれないが、私はそれらの曲は純度一〇〇%のチャイコフスキーではないような気がしている。というのは彼が敬愛するドイツ音楽（ベートーヴェンからブラームスにいたる伝統的交響曲や協奏曲）の規範（あるいは形式）に合わせて作ったような気がするのだ。それは本来チャイコフスキーが持っていた破天荒な才能を抑えるようなものだったのかもしれないと思っている。

前述のようにチャイコフスキーは文化の中心であったヨーロッパから遠く離れたロシアの地で音楽教育を受けた。当時は地理的な距離の差はそのまま文化の差に現れる。しかも彼が本格的に音楽教育を受けたのは二十二歳の時だ。サンクトペテルブルクに音楽院が創立された時、法務省の役人の地位を捨て、音楽院に入学している。これはクラシック作曲家としては異例のキャリアである。また極めて遅い。ただ幼い時から音楽的な才能はあったとは伝えられている。

「白鳥の湖」は交響詩の一つ

「白鳥の湖」はバレエの伴奏音楽として作曲された。このバレエのあらすじを簡単に紹介しよう。舞台は中世のドイツ、王子ジークフリートはある夜、森の中の湖で美しい白鳥に出会う。その白鳥は悪魔ロットバルトの呪いによって白鳥の姿に変えられてしまったオデット姫だった。その呪いはオデットに永遠の愛を誓う男性があらわれたときに解ける。ジークフリートはオデットを愛するが、ロットバルトの陥穽《かんせい》によって、オデットに化けた彼の娘に求愛し、オデットとの誓いを破る。騙されたと知ったジークフリートは湖でオデットに許しを請うが、呪いは解けない。ジークフリートはロットバルトと戦うが、逆に湖に沈められる。それを見たオデットは王子を追って湖に身を投げ、二人は天上で結ばれる（ただし、このラストは後に改訂される）。まあおとぎ話のような古いロマンチシズムに満ちたストーリーだ。

全四幕からなるこのバレエにつけられた音楽は、そのどれもが素晴らしい。有名な「白鳥のテーマ」が現れるのは一幕のフィナーレだ。形を変えて何度も登場するこの悲劇的なメロディーは、そのたびに胸が締め付けられるような哀しさで迫ってくる。しかし舞曲では優雅で楽しい曲が何曲も出てくる。一幕のワルツ、二幕の「白鳥たちの踊り」、三幕のハンガリア舞曲、ロシア舞曲、スペイン舞曲など、どれも心が浮き立つような音楽である。他にも曲のシーンによって、幻想的な雰囲気たっぷりの曲、ロマンチックな曲、劇的で激しい曲など、本当に様々な魅力ある曲が次々にあらわれる。まさに豪華フルコースのような音楽だ。

全曲どこをとっても美しいが、白眉は四幕のフィナーレである。「白鳥のテーマ」が緊迫したリズムを打ち、音楽が風雲急を告げる。そして悲劇に向かって進み、もっとも盛り上がったところで同じテーマが悲劇的に奏される――ついに悪魔の呪いに勝つことができなかったのだ。しかし次の瞬間、「白鳥のテーマ」は長調に転じ、二人の魂が結ばれたことを教えてくれる。この効果は見事である。ハープと弦のトレモロ（同一音を小刻みに震えるように弾く奏法）が天上に昇っていく二人の姿を表現している。このコーダの美しさは言葉にできないほどだ。そして音楽は高らかに不滅の愛を謳いあげて劇的に終わる。フィナーレはわずか数分の曲だが、チャイコフスキーの最高のエッセンスが詰まっている傑作だと思う。

そもそもはバレエ音楽なので、正しくはバレエを鑑賞しながら聴くのが本来の形なのだろうが、私は音楽だけでも十分楽しめると思っている。いや、これは「白鳥の湖」という交響詩であるとさえ思っている。交響詩というのはリストが作った音楽形式で、物語の情景登場や人物の心情などを音楽によって管弦楽曲で紡いでいくものだ。これは後にR・シュトラウスが大きく発展させて、クラシック音楽の一大ジャンルとなったが、私は「白鳥の湖」も交響詩の一つとして捉えている。ただしリストやR・シュトラウスのような統一感をもった完成度はない。しかしそれがいい。

チャイコフスキーは交響曲や協奏曲を作曲する時は、形式に合わせて厳格なスタイルで書くことが多かったが（それでも、彼はしばしば羽目をはずしてはいるのだが）、バレエ音楽ではそうした制約から逃れ、やりたいことをすべてやっている感じがする。すなわち、彼が本来持っている旋律の美しさ、ロシア的な匂い、形式にこだわらない自由さをふんだんに出している。そのため物語の変化によって音楽も千変万化し、まるで万華鏡のように様々な魅力を見せる。

ところで今日あらゆるバレエの中で圧倒的な人気を誇る「白鳥の湖」だが、初演はプリマ・バレリーナや演奏の問題もあり、散々な不評に終わる。その後、何度か上演が試みられたものの、結局、観客からは受け入れられず、チャイコフスキーの生前はほとんど上演されることがなかった。そしていつのまにか曲そのものも忘れられた。

チャイコフスキーが亡くなった二年後、有名なバレエ振付師であったマリウス・プティパが残された総譜を検討し、改訂を加えて彼自身の振付でチャイコフスキーの追悼公演として十七年ぶりに上演した。この公演は大成功し、「白鳥の湖」は傑作と認められた。今日、上演されるのは多くの場合、この改訂版であるが、それ以外の版でも演奏される。この曲により、ロシアバレエは世界最高の人気と規模を誇るまでになった。

ところで現在、「白鳥の湖」が上演される時は、ラストにおいて王子ジークフリートが悪魔ロットバルトを倒して彼の呪いを解いて終わるというものが多い。実はこのハッピーエンドのラストは戦後、ソ連で改訂されたものだ。どちらがいいのかは好みの問題だが、私はチャイコフスキーの終曲を聴く限り、オリジナルのラストの方がしっくりくる。なぜなら二人の魂が結ばれて、天上に昇っていく光景が見える気がするからだ。またとってつけたようなハッピーエンドは、全曲を通じて支配する悲劇的な音楽と矛盾するような気がする。

全曲盤とハイライト盤

さて、お薦めのCDだが、全曲盤では小澤征爾《おざわせいじ》指揮のボストン交響楽団の演奏、アンドレ・プレヴィン指揮のロンドン交響楽団の演奏、それにヴォルフガング・サヴァリッシュ指揮のフィラデルフィア管弦楽団の演奏がいい。三つの演奏とも豪華絢爛、「白鳥の湖」の魅力を思う存分伝えている演奏だ。ただし全曲盤の難点はCD二枚組となり、二時間以上かかることだ。

それは少し長すぎるという人にはハイライト盤を薦める。とくに人気の高い何曲かを抜粋したもので、市販されているCDではむしろこちらの方が圧倒的に多い。ハイライト盤の場合、チャイコフスキーの三大バレエ音楽の残りの二つ「眠りの森の美女」「くるみ割り人形」のこれまたハイライト盤と組み合わされていることが多いので、お得感もある。実を言えば、私自身も「白鳥の湖」を気軽に聴く時はハイライト盤を手に取ることが多い。ヘルベルト・フォン・カラヤン指揮のヴィーン・フィルハーモニー管弦楽団が見事な演奏である。本当にこの指揮者は何を振らせても上手い。シャルル・デュトワ指揮のモントリオール交響楽団の演奏は迫力満点。ジェームズ・レヴァイン指揮のヴィーン・フィルハーモニー管弦楽団の演奏もいい。

私のお気に入りはアナトール・フィストラーリ指揮のロンドン交響楽団の演奏だ。古いモノラル録音だが、私が初めて聴いた「白鳥の湖」でもある。

第一五曲

ベートーヴェン「第五交響曲」

「文学は音楽に敵わない」と思わされる瞬間

お薦めの1枚

■ヴィルヘルム・フルトヴェングラー指揮
■ベルリン・フィルハーモニー管弦楽団
■1943年録音
■Altus
規格品番：ALT155

弁証法的ドラマを極限まで追求

あまたあるクラシック音楽の中で最も人口に膾炙《かいしゃ》した曲と言えば、ベートーヴェン（一七七〇―一八二七）の「第五交響曲」ではないだろうか。冒頭の「ダダダダーン」のメロディーを知らない者はいないだろう。これぞ「交響曲中の交響曲」、言うなれば「ザ・クラシック」である。

ただ、あまりに有名なことから、この曲ほど古くから様々なパロディーに使われた曲もない。冒頭の「ダダダダーン」は今やほとんどギャグになっている。しかしどれほど茶化されようと、この曲の偉大さは微塵《みじん》も揺るがない。単に名曲と呼ぶようなレベルではない。とてつもない傑作で、クラシック音楽界のみならず、すべての音楽の中の金字塔ともなっている不滅の名曲である。まさに完全無欠、天衣無縫——と、「第五交響曲」の素晴らしさを謳いあげる言葉ならいくらでも費やすことができるが、それでは読者が退屈するので、このあたりでやめておく。

この曲は「運命」と呼ばれることが多いが、これは作曲者が名付けたものではなく、実は日本だけの名称である。しかしこの名称は素晴らしいタイトルであると思う。なぜなら、まさに「運命」と格闘するドラマが描かれているからだ。

冒頭の「ダダダダーン」の音について、ベートーヴェンは「運命はこのように扉を叩く」と言った有名な話が、彼の私設秘書のような存在であったアントン・シントラーによって伝えられている。もっとも私はこのエピソードはシントラーの創作ではないかと疑っている。もし本当だとしたら、ベートーヴェン独特の冗談を真に受けたのだろうと思う。彼は後世のロマン派の作曲家たちとは違い、「扉の音」のようなものを具体的に表現しようとする人ではなかった。ベートーヴェンは音楽によって物語や情景を描く「標題音楽」を書く人ではなく、純粋に音楽だけの芸術を追求する「絶対音楽」の作曲家だった。しかし矛盾することを言うようだが、私はこの「運命が扉を叩く」云々《うんぬん》の話を気に入っている。音楽がそのように聴こえるからだ。

本来、歌詞のない純粋器楽の音楽は聴く者の感情に強く訴えかけることができても、文学的なメッセージを与えることは非常に難しい。しかしベートーヴェンは音楽の力でそれを可能ならしめることを証明した。もちろん文字で書かれたものではないから、具体的な物語を描くことはできない。しかし彼は物語の深い根源的なイメージを聴く者の心に喚起させることに成功したのだ。

ベートーヴェンの音楽には優れたドラマが内包され、全体を通して弁証法的発展がある。「弁証法」とは、「互いに相反するものがぶつかり、より高い次元に昇華する」ことを意味する哲学用語だが、なんとベートーヴェンは音楽の世界の中でそれを行なったのだ。雄々しく力強い第一主題、そしてそれを打ち消すかのような第二主題、その二つが互いにぶつかりあって進行しながら、やがて全体が劇的な変容をとげる。

「第五交響曲」は、そんな弁証法的ドラマを極限まで追求した曲である。また四つの楽章は有機的に結びつき、それぞれが「起・承・転・結」をなして一つのドラマを構成している。それは過酷な運命に翻弄されながらも不屈の闘志で立ち向かう男の姿だ。この男とはベートーヴェン自身に他ならない。

第一楽章は、突如訪れる悲劇の運命だ。ベートーヴェンは懸命に立ち向かうが、嵐のように襲いかかる運命の前に打ち倒される。もっともこれらのイメージはあくまで私の主観にすぎない。ベートーヴェン自身はこの曲に関して自作解説を一切していない。

第二楽章は束の間の平安だ。傷ついた彼を癒すかのような安らぎに満ちた音楽が流れる。しかしその安らぎの中にも悲劇が静かに忍び寄っている。ここでは冒頭の「ダダダダーン」(「運命動機」と呼ばれる)が形を変えて不気味な形で鳴っている。

第三楽章では再び暗い運命がやってくる。運命動機は第一楽章のように激しくはないが、不幸な人間をあざ笑うかのようなメロディーだ。シューマンが子供の頃、演奏会でこの楽章を聴いた時、「とても怖い」と訴えたのは有名だ。曲が進むにつれて不気味さと恐怖はいや増していく。やがて重い雲が天を覆うように、すべてが暗黒の世界へと変わっていく。が、ここでベートーヴェンはすごいことをやってのける。世界が暗黒に変わったと思ったまさにその時——天を覆っていた黒い雲が大きく裂けて、眩《まばゆ》い光りが世界を照らすのだ。

この効果の素晴らしさと言ったらない。どんな優れた劇作家や小説家でも書き得ないほどの劇的なシーンであり、「文学は音楽に敵わない」と思わされる瞬間である。具体的に言うと三楽章から切れ目なしに四楽章に突入するのだが、三楽章のラストの不気味に引き延ばされたハ短調の和音が突然、輝かしいハ長調に転ずるのだ。この部分を聴いて心を動かされない人は、クラシック音楽、いや音楽そのものに無縁の人と言ってもいい。

第四楽章は勝利の音楽である。耐えに耐えた苦しみから解放され、暗い運命を叩きのめす。曲の終盤に運命はもう一度襲いかかるが、ベートーヴェンはそれにとどめをさす。そして輝かしい勝利の雄叫《おたけ》びをもって全曲は終わる。

人類の偉大な文化遺産

「第五交響曲」で描かれているのは、「闘争」であり「不屈の精神」である。ベートーヴェンは音楽家として最も大切な聴覚を失った。その絶望の深さは想像もできない。しかし彼は人生を諦めなかった。自らに襲いかかった「運命」に対して敢然と戦うことを決意し、貧困と孤独の中で、人類の偉大な文化遺産とも呼ぶべき傑作を多く書きあげた。そして二百年後の世界中の人が彼の音楽を聴き、勇気づけられ、人生の希望を与えられた。そう、ベートーヴェンは「運命」に打ち勝ったのだ。

「第五交響曲」はそんなベートーヴェンの生涯を象徴した曲と言える。この曲はベートーヴエンが三十七歳の時に書かれた。ロマン・ロランが「傑作の森」と呼んだ中期の名作群の中でも、ひときわ高く聳《そび》える巨木である。「第五交響曲」は単に優れた音楽という次元を超え、エジプトの大ピラミッドや万里の長城に匹敵するほどの人類の偉大な文化遺産である。

余談だが、ベートーヴェン以後の作曲家の多くが、彼に倣い、五番目の交響曲を作る時は特に力を入れた。ブルックナー、チャイコフスキー、マーラー、ショスタコーヴィッチなど、いずれも「第五」は代表作と言えるほどの傑作である。マーラーなどは調性も同じハ短調で、しかも冒頭に「ダダダダーン」というモティーフまで使っている。

この曲は私にとっても特別な曲である。若い頃、人生に悩み、仕事で悩み、恋に悩んだ時、幾度この曲を聴いて元気付けられたかわからない。いや、私だけではないはずだ。この曲を聴くことで、苦難を乗り越えた人は何人もいたに違いない。

こんなことを書くのは厚顔無恥の極致だが、私は小説を書く時、この曲のような作品を書きたいと思っている。私自身が「第五交響曲」を聴いて、「生きる勇気」と「生きる喜び」を得たように、私の作品を読んだ読者にも同じものを感じてもらいたいと願っている。ベートーヴェンのような巨人と自分のような三文作家を同列に並べる気は毛頭ないが、彼こそは私の永遠の目標である。

指揮者にベートーヴェンが乗り移ったかのような名盤

私の持論に、「真の名曲は誰が演奏してもいい」というものがある。しかし「第五交響曲」に関しては、敢えて逆説的な言い方をしたい。「これほどまでの名曲だからこそ、最高の演奏で聴きたい！」と。

絶対的な名盤として挙げたいのは、ヴィルヘルム・フルトヴェングラー指揮のベルリン・フィルハーモニー管弦楽団の演奏（四七年）だ。第二次大戦中、最後までドイツにとどまった彼は、戦後、連合軍から「ナチスに加担した」とされて音楽界から追放されたが、一年にわたる裁判で無罪を勝ち取った。そして二年ぶりにベルリンの聴衆の前で演奏会を行なったのだが、この時の演奏会の録音がここに挙げるものだ。半世紀以上も前の貧弱なモノラル録音で、しかもミスも雑音も多いライブ演奏にもかかわらず、演奏は「最高！」の一語。指揮者にベートーヴェンが乗り移ったかのようにさえ思える見事なもので、これほどの「第五交響曲」の演奏は滅多に聴けるものではない。

実はフルトヴェングラーにはもう一つ、さらに強烈な演奏がある。それは戦争中にラジオ放送用に演奏されたものだ（聴衆なしのライブ録音）。実はこの録音（磁気ワイヤー）はべルリン陥落後、ソ連軍に奪われて、長い間行方不明だったが、一九六〇年代半ばに「鉄のカーテン」時代のソ連邦内でレコード化されていたのが西側諸国に知られた。当時、西側諸国ではフルトヴェングラーの大戦中のライブ録音はほとんど知られておらず(彼は一九五四年に死去)、この「第五交響曲」を耳にした人たちは度肝を抜かれた。これまで誰も聴いたことのない凄絶な演奏だったからだ。戦争によって崩壊していくドイツにとどまり、ひたすらベートーヴェンの真髄を追求するフルトヴェングラーの鬼気迫る演奏は、聴いていて鳥肌が立つ。彼は最晩年にヴィーン・フィルハーモニー管弦楽団でスタジオ録音を残しているが、こちらは気宇壮大な素晴らしい演奏で、これも名盤である。

「第五交響曲」には他にも痺《しび》れるほどの名盤が多い。アルトゥーロ・トスカニーニ指揮NBC交響楽団、フリッツ・ライナー指揮シカゴ交響楽団の演奏は、いずれも一切の贅肉を削ぎ落とした究極の演奏と言ってもいい。甘さは一切ない。

カルロス・クライバー指揮ヴィーン・フィルハーモニー管弦楽団の演奏はエネルギーの塊だ。燃えあがる演奏という表現がこれほどぴったりくる演奏もない。「天才」と呼ばれたクライバーの壮年期のモニュメントである。

第一六曲

リヒャルト・シュトラウス「英雄の生涯」

英雄とはなんとシュトラウス自身

お薦めの１枚

■ヘルベルト・フォン・カラヤン指揮
■ベルリン・フィルハーモニー管弦楽団
■1974年録音
■ワーナーミュージック・ジャパン
規格品番：WPCS-12823

暗い男マーラー、俗な男シュトラウス

私は個人的に二十世紀最高の作曲家はリヒャルト・シュトラウス（ドイツ、一八六四―一九四九）だと思っている。クラシック音楽は十九世紀後半から衰退を始め、二十世紀後半には同時代性をほとんど失ってしまうが、私の目には、シュトラウスはそんな落日のクラシック音楽界に立つ最後の巨人に見える。尚、ワルツで有名なヨハン・シュトラウス二世は別人で、クラシックの世界では区別するためにR・シュトラウスと表記することが多いが、ここでは単にシュトラウスと書く。

シュトラウスと同世代で、同じヴィーンで活躍した作曲家に四歳年上のマーラーがいるが（二人は親交があった）、マーラーが常に「人生とは何か？」という深刻な問いを続けた暗い男だったのと対照的に、シュトラウスは享楽的《きょうらくてき》で金が大好きという俗な男だった。また悲劇性を帯びたマーラーの曲に対し、シュトラウスの音楽は楽天的な響きがあり、それゆえ真面目な人が多いクラシックファンの間ではマーラーの方が人気が高いが、私は圧倒的にシュトラウスが好きである。

彼は二十代の初めから「物語を音楽で語る」交響詩をいくつも書いて注目された。ただ、その音楽はどこまで真剣なのかふざけているのかわからないところがある。理想の女性を求めて女遍歴を繰り返す男を描いた「ドン・ファン」、瀕死の病人が死んでいく様子を描いた「死と変容」、ドイツの古いお伽話《とぎばなし》に出てくるいたずら者が暴れまくる様を描いた「ティル・オイレンシュピーゲルの愉快ないたずら」などを聴くと、シュトラウスが自分の作曲技法を楽しんで作っているようにも思える。

彼は「テーブルの上にある盃《さかずき》が、金製であるか銀製であるかも音楽で表現することができる」と豪語したほどオーケストレーション（管弦楽作曲技法）の技に長《た》けていた。実際にそんなことができるはずもないのだが、そんなはったりをかますくらいの山っ気と自信の持ち主だった。

しかし交響詩「ツァラトストラ、かく語りき」の冒頭を聴くと、彼の描写力の凄さに舌を巻く。このシーンは、真理を求め十年の長きにわたって山にこもったツァラトストラが、山頂から暗黒の下界を見下ろしている時、はるか地平線上に太陽が昇り世界に光が満ちていく神秘的で荘厳な光景を描いたものだが、まさしく音楽がそれを見事なまでに表現している。この部分は、映画『二〇〇一年宇宙の旅』で猿が知恵をつけるファーストシーンでも使われて超有名曲になった。

シュトラウスはその後、セルバンテスの小説『ドン・キホーテ』を交響詩にした後、三十四歳の時に最後の交響詩を書いた。それが今回紹介する「英雄の生涯」である。この「英雄の生涯」で描かれる英雄とは誰なのか。なんと驚くなかれ、シュトラウス自身なのだ。彼は自分自身を英雄になぞらえて、一時間近くもかかる大交響詩を世に発表したのだ。

なぜこんな曲を書いたのか?

曲は全部で六部の構成になっていて、第一部「英雄」ではいきなり素晴らしいテーマが演奏される。音階が下から上まで駆け上がる長い主題は、聴く者の心を高揚させる。とにかく最高にかっこいいメロディーなのだ。ここでは若き作曲家シュトラウスが音楽の理想を求めて活躍する様が描かれる。

しかし第二部の「英雄の敵」では、英雄は様々な敵に苦しめられる。この「敵」とは批評家であり、同時代の作曲家であり、悪意に満ちた聴衆である。この曲が書かれた当時は一二音技法（三〇頁参照）や無調という音楽技法がもてはやされていたが、シュトラウスはそれには否定的だった。ここではそうした音楽が敵を象徴しているが、この戦いで英雄は大きく傷つく。

第三部「英雄の伴侶《はんりょ》」では、傷ついた英雄が優しい女性に巡り合う。英雄の伴侶となる女性は独奏ヴァイオリンによる美しい旋律で描かれる（演奏会ではコンサートマスターが演奏する）。実際のシュトラウスの妻パウリーネは恐ろしく気の強い女性で、シュトラウスは生涯尻に敷かれっぱなしだった。だから、この部分は妻に対するご機嫌取りにも聴こえて面白い。ここではまた恋愛描写もある。女性は英雄に惹《ひ》かれたかと思うと拒否してみたりといった恋の駆け引きを演じたりする。しかし英雄と伴侶はやがて愛し合い、壮大な愛のテーマが奏される。

第四部「英雄の戦場」では、冒頭にトランペットのファンファーレが鳴らされ、再び戦いの時が来たことが告げられる。優しい妻の愛を受けて気力を取り戻した英雄は雄々しく立ち上がって戦場へと赴く。英雄にまたもや敵が襲いかかる（第二部で戦った敵である）が、成長した英雄は彼らと互角以上に戦う。そしてそんな英雄に妻（独奏ヴァイオリン）も加勢する。そしてついに英雄はすべての敵を打ち倒す。

第五部「英雄の業績」では、これまでのシュトラウスが書いた曲が次々に出てくる。実はシュトラウス自身は「英雄」は誰であるかは語っていないが、この部分を聴けば、誰のことか全部ばれてしまっているというわけだ。

そして全曲を締めくくる第六部は「英雄の隠棲《いんせい》と完成」である。実はここまでの五部では若干ふざけた部分もなきにしもあらずだが、この最終部分はシュトラウス自身が珍しく真摯《しんし》な曲作りをしている。音楽も第一部に優るとも劣らぬほど素晴らしい。ここで英雄は田舎に隠棲し、自らの人生を静かに振り返る。

そんな英雄に最後まで寄り添うのは優しい妻である。独奏ヴァイオリンが奏でる美しい旋律に看取られながら、彼は静かにその生涯を終える。そして英雄が息を引き取った瞬間、彼を称えるように、輝かしい和音が高らかに鳴り響いて、全曲が幕を閉じる。

よくもまあこんな曲を三十四歳の男が作ったものだと驚く。おそらく同時代の作曲家たちも呆れ果てたに違いない。しかもこの曲は彼のオーケストレーションの頂点を極めた曲で、演奏するには一〇〇人を超えるプレーヤーが必要である。冗談半分で書ける曲ではない。

彼はいったいなぜこんな曲を書いたのだろうか。これは私の想像だが、シュトラウスはこの曲で、当時のトレンドであった一二音技法（ドデカフォニー）や無調の音楽に背を向ける生き方をすることを宣言したのではないだろうか。同時に新しい創作世界に足を踏み入れる決意表明であるのかもしれない。私は「英雄の生涯」を聴くと、彼の悲壮な覚悟を見る思いがする。

事実、シュトラウスはこの曲で交響詩の世界に別れを告げ（「アルプス交響曲」と「家庭交響曲」という交響詩に近いものは書いているが）、以後、作曲の主力をオペラに置き、多くの傑作を残すことになる。私は彼の交響詩はすべてお気に入りだが、最も好きなのはこの「英雄の生涯」である。

シュトラウスは守銭奴《しゅせんど》と陰口を叩かれるほど、金にうるさい男だった。シュトラウスの友人であったマーラーの妻アルマは「シュトラウスの頭の中はいつもお金のことばかりだった」と軽蔑したように書いている。実際に、彼の「お金大好き」の性格を表す逸話はいくつもある。ある日、自作のオペラ「サロメ」のリハーサルを終えて家に帰ったシュトラウスに息子フランツが「パパ、いくら儲かったの？」と訊いた時、彼は「お前もやっと私の息子になった」と喜んだという話が残っているが、実は私はこの話が大好きで、シュトラウスに限りない共感を覚える。というのも、私自身がいつも本の売れ行きと印税ばかり考えているからだ。しかし小さな声で言い訳させてもらうと、決して金のために小説を書いているのではない。作品に向かう時は金のことは頭にないのは本当だ。

シュトラウスの心の中はわからないが、おそらく彼もそうであったと信じている。そうでなければ、あれほど力のこもった（コストを度外視した）傑作をいくつも書けるわけがない。

シュトラウスは全盛期においてはドイツ最高の作曲家として栄光と人気をほしいままにするが、第二次世界大戦後はナチスに協力した疑いで連合国による非ナチ裁判にかけられる。最終的に裁判では無罪となったが、シュトラウスの栄光は地に落ち、彼はドイツを去ってスイスに隠棲する。そして一九四九年、八十五年の生涯を終えた。

演奏芸術の極み、ライナー指揮の名演

「英雄の生涯」は高い演奏技術を要する曲だけに、一流オケでないとその真価が発揮できな

いと言われている。名演奏として名高いのはヘルベルト・フォン・カラヤン指揮のベルリン・フィルハーモニー管弦楽団の演奏である。シュトラウスを得意とした彼は「英雄の生涯」も何度も録音しているが、一九七〇年代に残した録音が特に素晴らしい。まさに「豪華絢爛」という言葉がぴったりくるほどの壮麗なものだ。

私が個人的に偏愛しているのがフリッツ・ライナー指揮のシカゴ交響楽団の演奏だ。オーケストラの腕前はカラヤン指揮のベルリン・フィルを凌《しの》ぐかと思うほどで、加えてライナーの指揮が贅肉を一切削ぎ落としたような厳しさがあって、演奏芸術の極みを感じさせる。それでいて「英雄の伴侶」のシーンなどは実になまめかしい。

サー・ゲオルグ・ショルティ指揮のヴィーン・フィルハーモニー管弦楽団の演奏も素晴らしい。しなやかで、それでいて力強く、迫力満点の英雄である。

新しい録音では、サイモン・ラトル指揮のベルリン・フィルハーモニー管弦楽団の演奏、クリスティアン・ティーレマン指揮のヴィーン・フィルハーモニー管弦楽団の演奏、ダニエル・バレンボイム指揮のシカゴ交響楽団の演奏が見事。

シュトラウス自身の演奏もいくつか残されている。自分を描いた作品でありながら、演奏は意外にあっさりしたもので、むしろ純音楽的に演奏しているのが面白い。

〈間奏曲〉

決定盤趣味

長い間（もしかしたら今も）クラシック雑誌の最大の目玉企画が「決定盤選び」だった。「決定盤選び」とは、たとえばベートーヴェンの「エロイカ」はどのCDが最も優れた演奏か、というものだ。多くの評論家が「これぞ」と思うCDを挙げて、コンクールみたいに点数を付けてランキングを発表する。ファンはそのランキングを見て、購入の参考にしたり、またお気に入りのCDのランクに一喜一憂したりする。

かつてLPレコードは非常に高価なものだった。昭和三十年代、大卒の初任給が一万円くらいの時に二〇〇〇円くらいした。そんな時代に同じ曲を何枚も購入する余裕のある者はそうはいない。だからレコードを買う時は最高の一枚を選びたいと考える。しかし自由に視聴できないだけに、どの演奏が素晴らしいのかわからない。そんなユーザーたちのために、クラシック雑誌が評論家たちを集めてコンクールさながら「ベスト1」を選んだのだ。

しかし、この「決定盤選び」はいつのまにか日本のクラシックファンの間でマニアックな趣味となってしまった。音楽評論家の中には、長年その企画ばかりしてきたためにどっぷりと浸かってしまい、ベスト盤を選ぶことをライフワークにしてしまったような人もいる。

同じ曲を違う演奏で聴き比べることは、クラシックの楽しみの一つでもある。解釈の違い、テクニックの違い、オーケストラの音色の違いなどを聴き分ける面白さは、上級ファンの遊びでもある。しかしそんなマニアの多くが無意識に目指す危険は、そうした聴き比べで演奏の優劣をつけてしまうことだ。芸術はスポーツではない。優劣を競うものではないし、数値化できるものではない。

これが行き過ぎると、曲を聴いていても演奏ばかりに耳を奪われ、肝心の曲を聴くということを忘れる。そして自分が「最高の演奏」と決めたものに巡り合うと、それ以外の演奏のCDをまるで認めないということにもなる。ひどいのになると「とても聴いてはいられない!」と言う人もいる。この本を読まれている一般の皆さんは、そんな馬鹿なと思われるかもしれないが、クラシックマニアの会話には普通に出てくるのだ。いや、音楽評論家の中にもそういう発言を平気でする人は珍しくない。

笑止! と言わざるを得ない。音楽会社がレコードやCDのために録音する演奏家というものは、すべて超一流の演奏家である。はっきり言って、誰の演奏を聴いても素晴らしい。たしかに厳密に言えば、演奏に優劣はある。テクニックにも差がある。しかしそれは実際には問題とはならないくらいの小さなものだ。

「いや、一流のレベルになると、その差こそ大きい」「凡庸な演奏家のCDでは感動できない」と反論する人がいるかもしれない。それなら、あなたの友人で楽器をやる人がいたとして、その人の演奏では絶対に感動できないのかと訊きたい。あるいは学生オーケストラの演奏では感動できないのか、と。どれほど上手くても素人のカラオケは聴いていられないのか、と。

この本を手に取られている皆さんに申し上げたい。

この本の中で私は一応推薦CDというものを挙げている。しかしこれはあくまで参考にすぎない。読者の皆さんはそれにこだわることはない。もし曲に興味が湧いたなら、どんな演奏を聴いていただいてもかまわない。いや、むしろ私の推薦するCD以外のものを聴いていただきたいくらいである。

敢えて極論すれば、名曲は誰が演奏しても名曲なのだ。ましてCDで市販されているほどの演奏家なら、すべて超一流の演奏であると断言する。

皆さんには、ただ虚心に音楽を聴いてもらいたい。

第一七曲

ブラームス「第一交響曲」

なぜ完成までに二十一年もかかったのか

ベートーヴェン的な音楽を目指す

ブラームスについて書くのは勇気がいる。というのは、私がクラシック音楽を真剣に聴き始めて四十年近く経つが、今もブラームスの曲をどのように捉えていいのか迷っている部分があるからだ。

ヨハネス・ブラームス（一八三三―九七）が生きた十九世紀の後半のクラシック音楽は、モーツァルト、ハイドン、ベートーヴェンなどの「古典派」の時代から「ロマン派」へと完全に移行していた。シューマンやショパンの初期ロマン派を経て、音楽はさらにモダンで物

お薦めの１枚

■ヴィルヘルム・フルトヴェングラー指揮
■ベルリン・フィルハーモニー管弦楽団
■1952年録音
■Grand Slam
規格品番：GS2127

語性を帯び、後期ロマン派と呼ばれる新しい世界へ進みつつあった。厳格な形式を外れ、作曲スタイルはどんどん自由で幻想的なものとなった。その急先鋒がヴァーグナーであった。

ところがヴァーグナーよりも二十歳も若いブラームスの音楽は「擬古典《ぎこてん》」とも言うべき、ある種の古さを持っている。擬古典とは、古典芸術を規範として伝統的形式にこだわった芸術スタイルのことだが、ブラームスは同時代の新しい音楽ではなく、ベートーヴェンを目指していた。

十九世紀の作曲家たちにとってベートーヴェンは目標とすべき最大の音楽家だったが、ブラームスほど篤い尊敬の念を持った男はいなかった。それはもはや信仰に近いものがあった。同じくベートーヴェンを神のように崇拝していたヴァーグナーは新しい独自の世界を目指していたが、ブラームスはベートーヴェン的な音楽を目指した。

ブラームスを語るのに厄介なことは、彼の音楽の本質が外に向かって放射するものなのか、それとも内側に向かって沈潜するものなのか、いずれとも摑みにくいことだ。また彼は本来非常に美しいメロディーを書く作曲家であるが、その美しいメロディーを敢えて封印して作曲している気がしてならない。何のためか――古典形式にもっていくためである。

モーツァルトやハイドン時代の古典形式は、主題に使う旋律は、短いパッセージを組み合わせて作ったものが多かった。ベートーヴェンの「運命」の「ダダダダーン」などはその典型である。しかしロマン派の作曲家たちは息の長いフレーズ、うっとりするような美しいメロディーを主題に曲を書くようになった。ブラームスと同世代のブルックナーの交響曲の主題はベートーヴェン時代の交響曲とはまるで違う非常に長いフレーズである。

ところが、ブラームスの交響曲の主題は十八世紀的なのである。つまりきわめて短く、メロディーというよりは「音階」に近い。面白いことに、彼は歌曲やピアノ曲を作る場合、しばしば非常に美しいメロディーを書く。

ではなぜ、彼は交響曲に限り、そんな古いスタイルで書いたのか。これは前にも述べたように、ベートーヴェンに対する尊敬の念があまりにも強すぎたからだ。彼の中ではベートーヴェンの交響曲こそ「理想の交響曲」であり、それ以外のものは考えられなかったのかもしれない。したがって彼の交響曲が古典形式となるのは当然の帰結だった。しかしこの姿勢は彼自身にとてつもないプレッシャーを与えた。ベートーヴェンの九つの交響曲は、後の作曲家たちにとって大きな壁となり、気軽に書くことができないジャンルとなったが、ブラームスほど、その壁に怯《おび》えた作曲家はいなかったのではないだろうか。

若い頃から作曲の才能に恵まれたブラームスは次々と名曲を書いていたが、交響曲だけはなかなか書くことが出来なかった。最初に交響曲の着想を得たのは二十二歳の時だったが、その後、推敲に推敲を重ね、完成したのはなんと二十一年後の四十三歳の時だった。これを見てもいかに彼がベートーヴェンのプレッシャーを感じていたかがわかる。

しかもこの曲はきわめてベートーヴェンの交響曲に類似している。「運命と激しい格闘をして、勝利へと至る」というベートーヴェンの典型的なスタイルが模倣され、しかも調性は「運命」と同じハ短調である。この曲を初演した有名な指揮者ハンス・フォン・ビューローは、「ブラームスの『第一交響曲』は、ベートーヴェンの『第十交響曲』である」と述べた。

この章ではこの曲について書くことにする。

ブラームスの葛藤に、胸が詰まりそうになる

第一楽章はいきなり激しいティンパニの連打で序奏が始まる。これはまさに暗い運命が襲いかかる様子に聴こえる。主題は半音階の不気味な進行で、聴く者に不安を与える。多くの評論家にこの第一楽章は「運命との激しい闘争」と言われているが、実は私には別な何かが見える。それはブラームス自身の葛藤《かっとう》だ。

ブラームスは理想とするベートーヴェン的なものを描くために、本来の自分を抑えなが

ら、懸命にもがいたような気がしてならない。だからこそ二十一年もの長きにわたって、産みの苦しみを味わったのだ。本来ブラームスの音楽はもっとナイーブで、迷いに満ち、内省的なものだと思っている。しかしこの「第一交響曲」では、そんな自分の「弱さ」をかなぐり捨てて必死で戦っている。それだけに私はこの第一楽章を聴くと、胸が詰まりそうになる。

第二楽章の緩徐《かんじょ》楽章は慰撫するような優しいメロディーだが、どこかに孤独の影がある。憧れを抱きながら、それを手に入れることができない諦めのような悲しみが全曲を覆う。音楽は長調でありながら、明るくなりきれない――この何とも言えない切なさのような音楽こそ、ブラームスの音楽なのである。ここでは第一楽章と違って、彼自身がふんだんに自分を語っている気がする。途中、ヴァイオリンソロが奏でるセンチメンタルなメロディーが聴く者の心に迫る。

第三楽章は終楽章への経過句的な音楽である。長調であるものの、どこか不安を掻き立てるような不気味さがある。印象的にはベートーヴェンの「運命」の第三楽章を連想させる。面白いのは、この楽章の途中に、第四楽章の主題が一瞬顔を出すことだ。

第四楽章は再び暗いハ短調に戻る。第一楽章の序奏に似た激しい冒頭の序奏の中に、時折、明るい主題が断片的に顔を出すが、このあたりの構造はベートーヴェンの「第九」に非常に似ている。やがてティンパニのロール打ちの後、ホルンが夜明けを告げるような明るいメロディーを奏でる。それを木管が受け継ぎ、もう一度ホルンが高らかに鳴り響く。このあたりはまさに暗い夜に太陽の光が差し込むような感動的な部分である。

そして、ついにハ長調の主題が現れる。ここは「第九」の「歓喜の歌」の明らかな影響がある。音楽は「暗から明」へと劇的な変化を遂げるが、ブラームスの場合はベートーヴェンの闘争とは違う。ベートーヴェンの場合は、運命をねじ伏せるような力を見せるが、ブラームスの場合はもっとおおらかに喜びを歌う。おかしな喩えだが、この両者の違いは「旅人のコートを脱がせる北風と太陽の寓話《ぐうわ》」を連想させる。もちろんブラームスが太陽である。もっともベートーヴェンの場合は、「寓話」のストーリーとは違って、旅人のコートを吹き飛ばしてしまうほどの激しさを持っているのだが。

コーダはブラームスの曲の中でももっとも激しい音楽である。ここを聴くだけで、彼がまさしく全力を傾けて作曲したというのがわかる。そして喜びの賛歌の中で堂々と幕を閉じる。

ところで、こんなことを言えば、世のブラームス好きに怒られるかもしれないが、私はこれがブラームスの代表的な作品であるとは思っていない。なぜならこの曲にはベートーヴェン的なものとブラームス的なものが奇妙な形で混在しているからだ。しかしそれがこの曲の魅力であるのかもしれない。もちろん傑作であることは間違いない。

ちなみに「第一交響曲」を書くのに二十一年も要したブラームスだが、これで何かが吹っ切れたのか、その翌年、わずか四ヵ月で「第二交響曲」を完成させている。おそらくブラームスは苦闘の末に憑き物が落ちたのだ。あるいはベートーヴェンの呪縛からついに逃れることができたのかもしれない。

その証拠に、第二番は肩の力を抜いたようなところがある。劇的で闘争的な第一番とは違い、抒情性たっぷりののどかな曲である。ここにはもうベートーヴェン的なものは見られない。この後に書かれた第三、第四の交響曲も含めて、ブラームスの個性がふんだんに入っている。いずれも傑作である。

ブラームスが「第一交響曲」を作るのに要した二十一年という歳月は、彼の中にあったベートーヴェン的なものを消し去る時間であったのかもしれない。

フルトヴェングラー指揮の迫力

演奏はヴィルヘルム・フルトヴェングラーがベルリン・フィルハーモニー管弦楽団を指揮したものが見事である。一九五二年のライブで、録音はきわめて悪いが、音楽の持つ迫力とエネルギーは半世紀の時を経てもいささかも古びない。同じ指揮者の北ドイツ放送交響楽団のライブも素晴らしい。

アルトゥーロ・トスカニーニが指揮したNBC交響楽団のCDも音は悪いが見事な演奏である。同じ指揮者がフィルハーモニア管弦楽団を指揮した演奏も素晴らしい。

ステレオではカール・ベーム指揮ベルリン・フィルハーモニー管弦楽団の演奏がいい。今風のスマートなものではなく、むしろ無骨とも言える演奏だが、感動は深い。ブラームスも得意としたヘルベルト・フォン・カラヤン指揮ベルリン・フィルハーモニー管弦楽団のものは何種類かあるが、どれも名演。シャルル・ミュンシュ指揮パリ管弦楽団の演奏は古典的名盤として定評がある。

他にはサー・ゲオルグ・ショルティ、ギュンター・ヴァント、クルト・ザンデルリンクなども素晴らしい。

第一八曲

すべての旋律が主役

バッハ「ブランデンブルク協奏曲」

お薦めの1枚

■カール・リヒター指揮
■ミュンヘン・バッハ管弦楽団
■1967年録音
■ユニバーサル ミュージック
規格品番：UCCG-5257

一週間にひとつ「人類の至宝」を書きあげる

「音楽の父」とも言われるヨハン・セバスチャン・バッハ（一六八五―一七五〇）は生涯を音楽に捧げた人だった。当代最高のオルガン奏者であり、指揮者であり、教育者であり、作曲家であった彼の書いた曲は死後かなりが散逸したと言われるが、それでも現存する曲は一〇〇〇を優に超える。

全盛期の活動はとても人間業とは思えない。ライプツィヒの教会のカントル（音楽監督）時代の最初の数年間（四十歳前後）は教会の合唱団の指導やオルガン伴奏をこなしながら、毎週、日曜日の典礼に演奏されるための教会カンタータを作曲した。これはオーケストラと独唱者、それに合唱団が加わった大掛かりなもので（長いものは三十分を超える）、今日二〇〇曲以上残っている（五〇曲以上は失われたと言われている）。

どの一曲を聴いても、並の作曲家なら一年かけても出来るかどうかという高レベルの曲であり、それを毎週のように作っていたというのはとても信じられない。しかも日曜日に演奏するということは、週の始めには作曲と記譜を終え、後半には楽員たちと練習しなければならない。つまり実質的な作曲時間は三日ほどだったということになる。これはもう超人と言っていいほどの仕事ぶりである。小説家に喩えれば一週間に一冊本を書きあげるようなものだ。

しかも作曲と演奏練習の合間には、才能ある息子たちの教育用にチェンバロ曲を作り、また妻（元宮廷歌手）のために音楽帳なども作った。また自身の勉強のために同時代の作曲家の楽譜を取り寄せ、それを研究して様々な形で編曲したりもした。さらに自分自身が演奏するための曲（チェンバロ曲、オルガン曲）をいくつも書いた。

そしてまた気の合った友人たちと演奏するための曲も作った。これらは「バッハの世俗曲」と呼ばれるものである。実はバッハは「音楽は神に奉仕する仕事」という信念を持っていて、最も力を注いだのは教会カンタータを初めとする宗教曲で、そのどれもが人類の至宝とも言える傑作ばかりだが、余暇に作った「世俗曲」もまたとてつもない名曲なのである。いったいバッハの才能はどこまであるのか。まさにアマゾンに流れる膨大な水流のようだ。

こんな破天荒な作曲家は古今東西どこにもいない。いや、音楽の世界だけでなく、すべてのジャンルの芸術の中でもこれほどの創作を生涯にわたって続けた芸術家はいない。私は東洋の島国にいる一小説家だが、バッハの曲の前では、自らの小ささを思い知らされる。

バロック時代のジャズ

今回はバッハの世俗曲の中から、「ブランデンブルク協奏曲」を紹介しよう。全部で六曲からなるこの曲集はバッハが比較的若い頃（三十代半ば）に書いたのを集めたものだが、おそらく友人たちや気の合うオーケストラ仲間と楽しむために作ったのではないかと言われている。曲はバッハらしく実にポリフォニックな構成である。ポリフォニーとは前にも書いたが、同時に二つ以上の旋律が奏でられる音楽で、「主旋律があって、その他は伴奏」というホモフォニックな音楽の対極にある。

私は「ブランデンブルク協奏曲」を聴くと、自分が音楽家でないことが悔しくてならない。仲間たちとこんな演奏ができればどれほど楽しいことかと思う。

様々な楽器のプレーヤーたちがそれぞれ異なる旋律を演奏すると、それらが組み合わさって曲全体が夢のようなハーモニーとなって現れるのだ。脇役はどこにもいなくて、すべての旋律が主役なのである。

六曲とも最高に素晴らしい。三番と六番は独奏楽器がなく、弦楽合奏群が協奏曲風に展開するが、その音楽の自由なこと！　イギリスの名指揮者エリオット・ガーディナーは「この曲はバロック時代のジャズだ」と言っているが、まさに言い得て妙。この曲には指揮者などは必要なく、各プレーヤーが互いの音を聴きながら、呼吸を合わせて、演奏する曲だと思う。かつてはこの曲も大きなオーケストラで演奏されることがあったが、それではプレーヤーのジャズ的なノリは出にくく、やはり少数のメンバーで演奏する方が面白い。

一番、二番、四番は弦楽合奏に加えて多くの管楽器が活躍する。

一番などは二つのホルン、三つのオーボエ、ファゴットに加えてソロ・ヴァイオリンの七つの独奏楽器がある。その豪華絢爛なことと言ったらこの上ない。

私は高音トランペットが大活躍する二番が大好きで、オーケストラを突き抜けて鳴り響く輝かしい音は痺れるほどの快感だ。この音はセクシーとさえ思えるほどだ。

四番は比較的地味な曲だが、聴けば聴くほどに味が出る。とにかくどの曲を聴いても、「音楽する」喜びに溢れているのだ。余談だが、アメリカの天才作家カート・ヴォネガットの傑作『スローターハウス5』は映画化不可能と言われていたが、『明日に向って撃て』『スティング』のジョージ・ロイ・ヒルが見事に映像化した。この時、音楽を受け持ったのがカナダの奇人ピアニスト、グレン・グールドで、全編バッハの音楽を使った（一部自作曲あり）。そして映画の主人公が第二次世界大戦でドイツで捕虜になり、ドレスデンの街を行進させられているシーンで使われていたのが「ブランデンブルク協奏曲」第四番の第三楽章だった。それまで比較的地味な音楽だと思っていた曲が、映画の中で実に不思議な効果を醸《かも》し出していたのが印象的だった。グールドのセンスにあらためて感心させられたことを覚えている。

そして曲集の白眉は第五番である。実はこれが曲集の最後に作られた曲である。ちなみに作曲の順番は六番、三番、一番、二番、四番、五番と言われている。五番は弦楽オーケストラに独奏ヴァイオリン、独奏フルート、独奏チェンバロが大活躍する華麗な曲だ。三つの独奏楽器が弦楽合奏をバックにして丁々発止とやりあうところは、バッハの面目躍如である。

この曲では一楽章の終わりに聴衆は度肝を抜かれる。弦楽合奏と独奏ヴァイオリンと独奏フルートが静かに消えていき、チェンバロ一台だけが残るのだが、何とここでバッハはとんでもないことをやっている。それまで弦楽合奏と独奏ヴァイオリン、フルート、チェンバロが合奏してやってきた協奏曲を、たったの一台のチェンバロで表現させるのだ。実はこれは突然試みたものではない。この曲を作る以前にバッハはヴィヴァルディの協奏曲を何曲もチェンバロ独奏に編曲している。

バッハのチェンバロ演奏の腕前は当代きってのものであり、その作曲技法も超絶的な境地に達していた。二本の腕を使って四つ以上の旋律を同時に奏でることなど朝飯前であった。そんなバッハが「ブランデンブルク協奏曲」で、自らのチェンバロのテクニックと作曲技法を存分にぶちこんだのがこの独奏部分である。

実はこの曲を書く直前、バッハは最新式のチェンバロを入手している。もしかしたら新しい楽器の能力を存分に引き出してみたい気持ちもあったのかもしれない。このチェンバロ独奏部分は時間にして三分にも及ぶ長大なもので、第一楽章全体の三分の一を占める。

ピリオド楽器による「二十一世紀のバッハ」

さてこの曲の全曲CDでまず挙げたいのはカール・リヒター指揮のミュンヘン・バッハ管

弦楽団による演奏だ。リヒターはバッハ演奏に生涯をささげた音楽家で、手兵のミュンヘン・バッハ管弦楽団もそのために自らが作った楽団だ。残された録音はどれも素晴らしいが、この「ブランデンブルク協奏曲」も最高の演奏である。

現代のバッハ演奏は古楽器（ピリオド楽器）演奏が大流行で、リヒターのような現代オーケストラによる演奏は時代遅れと見做《みな》されているが、私に言わせればとんでもない間違いである。バッハの時代のオリジナル楽器に合わせることも意味のあることではあるが、それでなければバッハは再現できないという考え方はむしろバッハへの侮辱とも思う。バッハの音楽はそんな狭い音楽ではない。むしろ進化した現代楽器で演奏すれば、よりバッハの意図を大きく表現できる。リヒターの演奏はまさしくそれを証明している。彼の演奏はキレがあり、同時にふくよかな響きを持っている。

全六曲の演奏はどれも見事としか言いようがないが、五番のチェンバロを弾く（指揮を兼ねている）リヒターの演奏は圧巻と言ってもいい。これほど鋭いチェンバロ演奏も珍しい。まさしく鬼気迫るという表現を使いたくなるほどだ。既に半世紀前の録音になったが、今聴いてもまったく古びない演奏である。

ピリオド楽器による演奏で非常に面白いのはラインハルト・ゲーベル指揮のムジカ・アン

ティクワ・ケルンの演奏だ。その超スピードと激しいリズムは二十一世紀のバッハを思わせる（実際の録音は一九八〇年代）。同じくピリオド演奏ではトレバー・ピノック指揮のイングリッシュ・コンサート、シギスヴァルト・クイケン指揮のラ・プティット・バンドの演奏も素敵だ。

カール・ミュンヒンガー指揮のシュトゥットガルト室内管弦楽団の演奏は古き良き時代を思わせる演奏だ。焦らず急がずのおおらかな響きはいつまでも聴いていたいという気分にさせる。各プレーヤーたちが音楽する喜びをもって演奏している感じもいい。オットー・クレンペラーが指揮したフィルハーモニア管弦楽団の演奏はさらにゆっくりしているが、対位法（ポリフォニー）の鬼とよばれた指揮者だけに、バッハのポリフォニックな面白さが十分に味わえる。

変わり種として挙げておきたいのが、ヴィルヘルム・フルトヴェングラー指揮のヴィーン・フィルハーモニー管弦楽団による第五番の演奏だ。大オーケストラによるライブ演奏で、しかもチェンバロの代わりにピアノを用い、おそろしいまでにゆっくりしたテンポを取り、響きも濁っていて、さすがにこれは今日では受け入れられないバッハ演奏だ。それなのになぜ挙げるのかと言えば、ここで指揮をしながらピアノも弾いているフルトヴェングラーがとてつもなく素晴らしいからだ。

一楽章のラストでピアノソロになった途端、それまでの音楽が一変する。ピアノは幽玄の響きを奏で、聴く者を異次元へと誘う。最初は静寂とも言える暗闇があたりを覆うが、しかし次第に光が満ちてきて、やがてそれらは巨大なエネルギーとなって天地を鳴動させる――これほどの世界をたった一台のピアノが描けるのかと驚くほかない。不世出の指揮者と言われるフルトヴェングラーはピアノを弾かせても桁外れの演奏をする人だったのだ。とにかく「ブランデンブルク協奏曲」で、これほど凄絶な演奏は他にない。

人によっては「これはバッハではない！」と言うかもしれない。しかしバッハの世界には、このような演奏さえも受け入れるスケールの大きさがあるのだ。興味があれば是非一度聴くことをお薦めする。

第一九曲

ベートーヴェン「悲愴」

悪魔的演奏術をすべてぶち込んで作った傑作

演奏が禁じられた革命的ピアノソナタ

ベートーヴェン（一七七〇―一八二七）は若い頃は作曲家よりもピアニストとして成功したいという夢を持っていた。彼は怖ろしいほどの腕前を持ったピアニストで、特に即興演奏では当代随一だった。当時、一流ピアニストと呼ばれるには、楽譜も何も用意しないでピアノを即興で弾く技に優れているというのが絶対条件だった。ベートーヴェンの即興演奏はもちろん今日では聴くことは出来ないが、それを耳にした同時代の人々の証言を見ると、いずれも大絶賛されている。

お薦めの１枚

■ピアノ：フリードリヒ・グルダ
■1967年録音
■Eloquence
（ピアノ協奏曲全集、ピアノソナタ全集）
規格品番：4768761

ベートーヴェンがモーツァルトに認められたのも即興演奏であった。生地ボンからヴィーンに出てきた十六歳のベートーヴェンは、当時三十歳だったモーツァルトにピアノ演奏を見てもらう機会を得た。しかしモーツァルトは彼の上手な演奏を聴いてもたいして心を動かされなかったようだ。というのも、彼の元へ売り込みに来る天才少年など飽きるほど見てきたし、さんざん練習してきた曲を上手く弾くのは当たり前だからだ。

そんなモーツァルトの気持ちを素早く察した少年ベートーヴェンは、「私に何か主題を与えてください」と言った。モーツァルトは書きかけのオペラの主題を口ずさんで別室に移ったが、しばらくすると少年の即興演奏が聴こえてきた。今、自分が与えた主題が次々に変奏されて新しい音楽に生まれ変わっていくのを聴いたモーツァルトは、友人に「あの男はいずれヴィーン中に名を轟かせるだろう」と語った。私の好きなエピソードである。この話の真偽は定かではないが、ベートーヴェンなら十分に有り得た話だと思っている。

二十代のベートーヴェンはピアノ対決も何度か行なっていて、こちらの方は記録にも残っている。十八世紀にはピアニスト同士の対決というものがよく行なわれていた。これはパトロンや後援者などがついてピアニストが即興演奏で競うというものだ。時にはお金が賭けられたこともあったらしい。

ベートーヴェンはその対決で連戦連勝だったが、有名なのはヨゼフ・ゲリネックとの対決である。ベートーヴェンより十二歳年上のゲリネックは当時ヴィーンでは人気ピアニストとして知られていた。この対決の様子は、ピアノ教則本の作曲家として今も有名なカルル・ツェルニーも書き残している。ツェルニーが少年の頃、家を訪れたゲリネックが彼の父に、「今日の夕方、名も知らぬピアニストと対決することになっている。あっさりと片付けてくる」と語った。しかし翌日、再びツェルニーの家にやって来たゲリネックはすっかり落ち込んでいた。そして彼の父にこう語った。「昨夜のことは忘れられないだろう。あの男には悪魔がついている。あんな素晴らしい演奏は聴いたことがない」

ゲリネックに圧勝したベートーヴェンの名声は一層高く鳴り響いた。まさしく当時は「無敵のピアニスト」であった。

そんなベートーヴェンが自身のテクニックをすべてぶち込んで作ったのが「悲愴」である。この時、二十八歳、まだ一曲も交響曲もピアノ協奏曲も弦楽四重奏曲も作ってはおらず、作曲家としてはほとんど無名に近かった。この曲が「悲愴」と呼ばれるのは、彼が楽譜の表紙に「悲愴的大ソナタ」と記したことによる。ベートーヴェンが自作にタイトルを付けるのは極めて異例のことである。いかにこの曲に懸けていたのかがわかる。

「悲愴」は発表された途端、ヴィーン中のピアノを学ぶ学生たちを狂喜させた。彼らは先を争って楽譜を買った。あまりにも革命的で、力強く、かつ美しかったからだ。しかし教授たちは学生たちに「この曲は弾いてはならない」と言って禁じた。なぜなら伝統的なピアノソナタの書法とピアノ奏法を無視した曲であったからだ。

それまでピアノソナタというのは、ハイドンやモーツァルト風の優美で繊細なものだったが、ベートーヴェンのピアノソナタは激しく荒々しいものだった。これは彼の演奏方式にもよる。モーツァルト時代のピアノ奏法は指で弾くものだったが、ベートーヴェンの演奏は手首、肘、肩、更には全身を使って弾くという格闘技のようなものだった。ベートーヴェンが同時代のピアニストを圧倒したのは、この演奏法にもあったのかもしれない。

曲はいきなり重厚なハ短調の序奏で始まる。暗い運命が襲いかかるような冒頭だ。この頃のベートーヴェンは音楽家の命とも言える耳の病に悩まされ、ピアニストとしての将来に大きな不安を抱えていた。ちなみに「ハ短調」は「交響曲第五番」(「運命」)と同じ調性で、ベートーヴェンが運命と激しく戦う音楽を書く時に選ぶ調性である。

重苦しく深刻な序奏が終わると、悲劇的な主題が奏される。切ないまでに何か思いつめたようなメロディーだ。胸が締め付けられるような音楽ではあるが、中期の命を懸けたような闘争ではない。曲全体にセンチメンタルな抒情性が漂っている。初期のベートーヴェンの音楽には、こうした「青春の音楽」と呼びたくなるようなみずみずしい魅力が溢れている。

第二楽章のアダージョは一転して癒しの音楽である。心にしみいるようなメロディーは陶然とするほど美しい。ベートーヴェンは一般には激しい闘争の音楽を書く作曲家というイメージがあるが、それは彼の一面しか捉えていない。彼の真骨頂は緩徐楽章にこそある。「悲愴」の第二楽章の美しさと哲学的な深さは絶品と言っていい。ちなみに彼の晩年の最高傑作「第九」交響曲の緩徐楽章のメロディーは、この主題に酷似している。

終楽章の第三楽章は一転して華やかなロンドである。ベートーヴェンの鮮やかなピアノ・テクニックがふんだんにちりばめられたきらびやかな曲である。

ゲーテすら霞んだベートーヴェンの天才性

「悲愴」を聴いて、時々ふと思うことは、この曲を聴いた貴族の令嬢たちは、たちまちにしてベートーヴェンに夢中になっただろうなということだ。ロマン・ロランの名著『ベートーヴェンの生涯』では、ベートーヴェンは生涯報われない恋に何度も苦しんだと書かれていて、それが世の一般の彼のイメージとなっているが、今日の研究によれば、ベートーヴェンはむしろ多くの貴族令嬢や夫人と情熱的な恋愛をしたことが明らかになっている。彼は耳が聞こえず、貧しい平民の出身で、背は低く、顔には疱瘡《ほうそう》の痕《あと》があり、ハンサムとはとても言えなかった。にもかかわらず、多くの貴族令嬢や夫人が彼に夢中になったのだ。

しかし、私はそれは当然だと思う。当時のヴィーンの貴族たちの音楽的な教養はとても高かった。ベートーヴェンの音楽の素晴らしさを最初に認めた人たちは、実は大衆ではなく貴族たちだった。高い音楽教養を身につけた貴族令嬢たちがベートーヴェンの演奏を目《ま》の当たりにすればどうなるか——考えるまでもないだろう。それまで一度も耳にしたこともない素晴らしいピアノソナタを演奏する天才を見て、恋しない女性など有り得ようか。

想像してもらいたい。ラジオもＣＤもない時代、人々がピアノ音楽を耳にするのは実際の演奏を聴くしかなかった時代において、名曲の名演奏に立ち会えた聴衆の感動はどれほどのものであったかを。その感動の深さは現代とは比べものにならないほど大きかったはずだ。しかもその曲を弾いているのは作曲者自身であり、しかもそれを演奏できるのは世界でその男一人となれば、もはや「奇跡」に巡り合っていると思ったとしても不思議ではない。

実際に、多くの教養溢れる女性がベートーヴェンに出会い、驚くような感動と喜びを書き残している。女流文学者としても名高く、文豪ゲーテとも親交があった才媛ベッティーナ・

フォン・アルニム（旧姓ブレンターノ）はゲーテへの手紙でこう書いている。

「初めてベートーヴェンに逢った時、私は全世界が残らず消え失せたように思いました。ベートーヴェンが私に世界の一切を忘れさせたのです。ゲーテよ、あなたさえも――」

私はこの手紙を書いたアルニムの恐ろしいまでの慧眼《けいがん》に感服する。彼女はベートーヴェンの音楽を聴いた時、その天才を一目で見抜いたのだ。ちなみにこのアルニムもベートーヴェンの恋人の一人ではなかったかと言われている。余談だが、この手紙により、ゲーテはベートーヴェンと会うことになる。しかし十八世紀を代表する二人の巨人の邂逅《かいこう》は幸福な出会いとはならなかった。ベートーヴェンはゲーテの芸術家らしからぬ如才《じょさい》の無さに失望し、ゲーテもまたベートーヴェンの粗野な人間性に嫌悪感を抱いた。

「悲愴」以降、ベートーヴェンのピアノソナタはより深さと哲学性を持つが、この溌剌《はつらつ》とした「若武者ベートーヴェン」とでも呼ぶべき曲も中期や後期の名作に決して劣るものではない。いや、ピアノソナタの歴史から見れば、まさしくエポックメーキングな傑作である。

実はこの曲は私が唯一の時代小説である『影法師』（講談社文庫）を書いている間、繰り返し聴いた曲でもある。若き侍たちの燃えるような理想、そして切ないまでの恋の想いが、「悲愴」を聴くことによって私の中で強いイメージとなって広がっていったからだ。

爽快かつ重厚なグルダの演奏

「悲愴」の名演奏はそれこそ星の数ほどある。全集を録音しているほどのピアニストなら、誰の演奏を聴いても不満を感じることはない。ヴィルヘルム・バックハウス、イーヴ・ナットト、ヴィルヘルム・ケンプ、クラウディオ・アラウといった古い時代の名手の演奏もいいし、アルフレッド・ブレンデル、ヴラディーミル・アシュケナージ、ダニエル・バレンボイム、ルドルフ・ブッフビンダーといったその次の世代の演奏も見事だ。

私のお気に入りは、フリードリヒ・グルダの演奏だ。もう四十年以上前の録音になってしまったが、今聴いても現代的で一種スポーツ感覚の爽快さがある。それでいてベートーヴェンの重厚さも失っていないという稀有《けう》な演奏だ。彼の全集は三種類あるが、最後の録音が最も音がいい。

全集を残していないピアニストから選ぶなら、ルドルフ・ゼルキンの演奏がいい。真面目で誠実な演奏で、聴く者の襟《えり》を思わず正させるような真摯《しんし》さがある。エミール・ギレリスの演奏も非の打ちどころのない演奏だ。

第二〇曲

昼と夜で聴いた時の感覚が異なる

ラヴェル「夜のガスパール」

詩からインスパイアされて生まれたピアノ曲「ボレロ」で知られるモーリス・ラヴェル（一八七五—一九三七）は「オーケストラの魔術師」と異名を取った作曲家だが、実は管弦楽以上にピアノの作曲技法に長けていた。

二十世紀前半にフランスには二人の天才ピアノ作曲家が現れた。一人はクロード・ドビュッシー、もう一人がラヴェルである。二人のピアノ曲はそれまでの十九世紀のピアノ曲とはまるで違うものだった。主観的な表現で申し訳ないが、ふわふわと漂うような、あるいは夢の中にいるような不思議な感覚の曲である。クラシック音楽に全然詳しくない人でも、モー

お薦めの１枚

■ピアノ：サンソン・フランソワ
■1967年録音
■ワーナーミュージック・ジャパン
（ピアノ曲全集第１集）
規格品番：WPCS-50424

ツァルトのピアノ曲との違いは一瞬で聴き分けられる。調性的には半音階が多用され、さらに長調とも短調とも言えない和声がふんだんに使われている。二人の音楽は「印象派」と呼ばれるが、実はもともとは揶揄《やゆ》して使われた言葉であった。

面白いことに、この二人の印象派作曲家は愛好家の間で好みが分かれるように思う。ここで打ち明けると、私はラヴェル派である。ドビュッシーの音楽も私を魅了するが、ラヴェルにより強く惹かれる。

そんなラヴェルのピアノ曲で私のお気に入りは、「夜のガスパール」である。ラヴェルは一九〇八年に三十三歳の時、フランスの詩人アロイジウス・ベルトラン（一八〇七―四一）の遺作詩集『夜のガスパール』を読んでインスピレーションを受けて作曲した。ベルトランは貧困と病で三十四歳の若さで世を去った天才詩人であるが、生前はまったく無名だった。死後に出版された『夜のガスパール』もまったく売れず、その後何年も経ってから評価され、ボードレールなどに大きな影響を与えたとされている。その作品は、死者、悪魔、霊魂、あるいはこの世のものでない存在などが現れ、幻想的で悪夢的である。ちなみにガスパールとは、キリストの生誕を予見し、それを祝うためにベツレヘムへ赴いた東方三博士の一人の名前だが、ベルトランは敢えてその名を「悪魔的なもの」という存在として詩集のタイトルに付けた。

先にムソルグスキーが友人の画家ガルトマンの絵にインスパイアされてピアノ組曲「展覧会の絵」を作曲したことを書いたが、「絵画」と「詩」という違いはあるが、ラヴェルもムソルグスキーも音楽以外の芸術作品からインスパイアされて曲を書いたというのが興味深い。面白いことに、「展覧会の絵」は後にラヴェルによって管弦楽曲として編曲され、大いに有名になっている。もしかしたらラヴェルはムソルグスキーの曲から、自分に似た感性を見て取ったのかもしれない。

「オンディーヌ」は『モンスター』にも登場

「夜のガスパール」は「オンディーヌ」「絞首台」「スカルボ」の三曲からなり、演奏時間は五〜十分ほどの小品であるが、いずれも極めて幻想的な曲である。以下、ベルトランの詩の内容とともに紹介しよう。

第一曲の「オンディーヌ」は、人間の男に恋した水の精オンディーヌが、雨の夜、窓辺にやってきて「私と結婚してほしい」と愛の告白をする。男がそれを断ると、オンディーヌは悲しみの涙を流すが、やがて大声で笑うと、激しい雨の中に消えていく。あとには窓ガラスに水滴だけが残っていた——という詩だ。

音楽は、窓ガラスを優しく叩く雨の滴の様が美しいトリルで奏でられる。魅惑的なアルペジオ（分散和音）が窓ガラスに流れる水の様子を表している。この描写力というか表現力は凄いとしか言いようがない。一台のピアノでここまで表現できるものなのか——。オンディーヌが愛をささやくこの部分はため息が出るほど美しい。最後の愛を拒絶されたオンディーヌが突如笑い声を上げて消えていく様も見事としか言いようがない。聴き終えた後に、悲しみともむなしさともつかない不思議な余韻に満たされる音楽だ。

余談ではあるが、私は自著の『モンスター』（幻冬舎文庫）という小説で、この曲の名前を使っている部分がある。『モンスター』は、醜い顔をした女性が主人公の小説だ。周囲からの嘲《あざけ》りの中で十代を過ごしたヒロインは上京し、整形手術を繰り返して絶世の美女となり、二十年以上の時を経て、かつて自分を追った故郷に舞い戻ってくる。そして彼女は小高い丘に瀟洒《しょうしゃ》なレストランを建て、初恋の男がやってくるのをじっと待つのだが、実はこのレストランの名前が「オンディーヌ」なのだ。つまり私にとってヒロインのイメージの一つが、この妖しい水の精オンディーヌだったのである。もちろん『モンスター』を書いている時に、何度もこの曲をＢＧＭにしていた。

第二曲の「絞首台」は、夕暮れの中に寂しく立つ絞首台を表現したものである。「遠くに葬送の鐘の音が鳴っている。それに混じって聞えるのは鋭い北風か、吊るされた死者の吐息か、絞首台の根元で歌うこおろぎか、死者の頭蓋骨から血にまみれた髪の毛をむしっている黄金虫か」という自問するような言葉が連ねられる——。それは実際の絞首台の描写ではなく、ベルトランの心の中にある怪奇な心象風景である。

ラヴェルの音楽では、鐘の音がオクターブの和音で奏でられ、これは曲の最初から最後まで鳴り続ける。そして前述したような詩人の不気味な想像の世界が音で描かれる。曲のテンポは一定だが、想像のシーンが変わるごとにリズムはめまぐるしく変化する。しかし音楽は終始、陰鬱《いんうつ》で暗く、最後は静かに消えていくように終わる。

第三曲の「スカルボ」は、地の底に住む悪霊スカルボが家の中に現れては消えるという怪奇な現象を描写した詩である。ベッドの下に姿を見せたかと思うと、煙突の上に現れる。戸棚の中にいたはずなのに、扉を開けるとそこにはいない。真夜中に何度も出現し、大きくなったり、青白くなったり、しかしやがて蠟燭《ろうそく》のように透き通って消える——。これも実に奇怪な詩である。

ラヴェルの音楽は、スカルボが現れては消え、あたりを飛び回る様子を、時にダイナミックに、時に幻想的に、時に華麗に表現していく。そこに使われる演奏技術は最高難度で、ピアニストには超絶的な技巧が要求される。

「夜のガスパール」は三つの曲を合わせた曲集のように見えるが、実は三つ合わせて一つの曲とも言える。「オンディーヌ」はソナタ形式の第一楽章、「絞首台」は中間の緩徐楽章、「スカルボ」は速いロンドの終楽章という具合に、全体として眺めると、古典的な三楽章のピアノソナタに近いものとなっているのだ。

「オーケストラの魔術師」と言われたラヴェルは自身のピアノ曲のいくつかをオーケストラ曲にしているが、なぜか「夜のガスパール」は管弦楽に編曲しなかった。ただ、彼自身はオーケストラの響きを想定していたとも言われている。ラヴェルから直接この曲の説明を受けた名ピアニストのヴラド・ペルルミュテールによれば、楽曲の説明の時にラヴェルはオーケストラの楽器の音を例に出したという。もし管弦楽に編曲していれば、「夜のガスパール」は「展覧会の絵」のように、豪華絢爛たるオーケストラ曲になっていた可能性がある。それが聴けないのは残念な気もするが、しかしラヴェルがそうしなかったのは、もしかするとピアノ曲として完成されていると思っていたからかもしれない。それほどこの曲はピアノの美しさを極限にまで追求した曲である。

一九九〇年にマリウス・コンスタンというフランスの現代作曲家が管弦楽に編曲して楽譜も出版されたということだが、いずれ誰かが録音するかもしれない。聴いてみたいような気もするが、オリジナルの魅力を損なうようで聴きたくないような気もする。

私は「夜のガスパール」を、夜、一人で部屋にいる時によく聴く。家人が寝静まった静かな部屋でこの曲を聴いていると、不思議な気持ちになってくる。この世のものでない世界の中に誘いこまれるような感覚に襲われるのである。面白いのは明るい昼間に聴いても、そんな感覚にはならないことだ。その意味で、「夜のガスパール」は夜の音楽であると思う。ちなみに三つの曲ともいずれも舞台は夜である。

ラヴェルは晩年、交通事故の影響で脳に障害をきたし（交通事故以外の原因説もある）、楽譜に文字が書けなくなって作曲活動が出来なくなった。友人に泣きながら「僕の頭の中には音楽がいっぱいあるのに、それを楽譜に書くことができない」と言った証言が残されている。彼の音楽には、そんな彼の悲劇を予感させるような暗くて不気味な曲が多い。「夜のガスパール」はまさしくそれを象徴している曲のような気がしてならない。

天才肌フランソワの成功作

推薦CDだが、ラヴェルと同じフランス人ピアニスト、サンソン・フランソワの演奏が素晴らしい。ラヴェルとドビュッシーを得意にしていた彼は天才肌で気分のむらがあり、出来不出来が激しかったピアニストと言われているが（アルコール中毒だったとも言われている）、この曲との相性は抜群によく、幻想的で怪奇性を前面に打ち出したスケールの大きな演奏になっている。「オンディーヌ」におけるアルペジオの美しさは絶品である。「絞首台」でも不気味な雰囲気がふんだんにある。

マルタ・アルゲリッチはテクニックと音の煌《きら》めきが群を抜いている。「スカルボ」における超絶的技巧は唖然とする上手さだ。もちろん「オンディーヌ」も最高に美しい。ピアニスティックな美しさでは随一かもしれない。

フリードリヒ・グルダの演奏も最高級のものだ。バッハやモーツァルトやベートーヴェンといったドイツ音楽を弾かせたら無類の演奏をするグルダだが、実はラヴェルやドビュッシーの印象派の音楽も得意としている。ちなみにグルダはジャズの演奏も一流である。

他にはイーヴォ・ポゴレリチ、アンドレイ・ガブリロフの演奏も文句のつけようがない。

ラヴェル自身がピアノロール（自動ピアノ）に録音した「絞首台」の演奏が残っているらしいが、私は未聴である。どんな演奏であったか大変興味深い。

第二曲

死に魅入られた男

シューベルト「死と乙女」

彼ほど悲痛な曲を書いた作曲家はいない

フランツ・シューベルト（一七九七―一八二八）は一般には優しく甘いメロディーの曲を作る人というイメージがあるが、それはとんでもない誤解である。そう言う私自身も実は十代の頃はそんな印象を持っていた。しかしクラシック音楽に興味を持ち始めた大学生の頃、彼の弦楽四重奏曲「死と乙女」を聴いて、腰を抜かすくらいのショックを受けた。

何という恐ろしい曲！　何という激しい曲！　――これほどの凄絶な曲はベートーヴェンでも聴いたことがなかった。私の中のシューベルトというイメージが音を立てて壊れた瞬間

お薦めの１枚

■アルバン・ベルク四重奏団
■1984年録音
■ワーナーミュージック・ジャパン
規格品番：WPCS-23065

であった。以来、私にとってシューベルトは特別な作曲家になった。

たしかにシューベルトには優しく甘い曲も多い。しかしよく聴けば、その裏には何とも言えない悲しみと暗さがある。不思議なのは長調の中にも、それが潜んでいることだ。そんなシューベルトが短調で書いた時の悲劇性は凄まじいものがある。それは「デモーニッシュ(悪魔的)」と呼んでも間違いない。

今回紹介する曲は二十歳の私に衝撃を与えた弦楽四重奏曲「死と乙女」だ。弦楽四重奏曲というのは、四つの弦楽器で奏される曲である。普通、第一ヴァイオリン、第二ヴァイオリン、ヴィオラ、チェロの構成となり、四つの弦がそれぞれソプラノ、アルト、テノール、バスの四つの声部を受け持ち、最少の楽器でほぼ理想的なハーモニーを生み出す。

切なさの極致

シューベルトは約三〇曲の弦楽四重奏曲を書いているが、その大半は未完であり、番号の付いたものは全部で一五曲ある。「死と乙女」はその一四番目の曲で、彼が二十七歳の時に書いた。三十一年という短い生涯の中の晩年に差し掛かろうとしていたが、作曲家として充実していた頃でもあった。全四楽章、四十分以上の大曲である。

第一楽章の冒頭から、凄まじい音楽が始まる。四つの弦楽器が一斉にフォルテでニ短調の不気味な主題を奏するが、この主題はまさしく悲痛な「叫び」である。いや、デリケートな耳と心の持ち主なら、「絶叫」とも聴こえるかもしれない。たった四本の弦が奏でているとは思えないほどの迫力がある。大オーケストラもかくやと思わせるほどの凄まじさで、暴風のような音楽である。ちなみにニ短調という調性は、ベートーヴェンの「第九交響曲」、モーツァルトの絶筆「レクイエム」と同じで、暗く劇的な調性である。

心をかき乱すような激しい第一主題が終わると、さらに不安を掻きたてるような第二主題が奏される。そしてその中にシューベルトらしい優美な旋律が時折顔を出すが、全体的には激しい闘争の音楽である。シューベルトはほぼ同時代に生きたベートーヴェンを神のように尊敬し、彼のような音楽を目指していたが、「死と乙女」の第一楽章の闘争は、ベートーヴェンが描いた勝利に向けての闘争ではない。ただひたすら悲劇的な最後に向かっていく感じで、そこには勝利もなければ救いもない。

この激しい第一楽章だけで圧倒されるが、全曲の白眉は第二楽章である。実は弦楽四重奏曲「死と乙女」というタイトルはこの第二楽章に由来する。「死と乙女」はもともとシューベルト自身が二十歳の頃に書いた歌曲のタイトルだ。彼は生涯に六〇〇曲以上の歌曲を書いたが、後に器楽曲を作曲する時、しばしばそのメロディーを転用している。そして弦楽四重奏曲一四番の第二楽章に、歌曲「死と乙女」のピアノ伴奏部分を転用した。ちなみにこの歌曲はマティアス・クラウディウスの「死と乙女」という詩にメロディーを付けたものだ。それは死の床に就く乙女と死（死神）の会話である。その内容は次のようなものだ。

（少女）あっちへ行って頂戴！　おそろしい死の神よ！
あたしはまだ若いんです、行って、お願い！
どうかあたしにさわらないで頂戴。
（死）手をお出し、美しくやさしい少女よ！
私はおまえの友だ、罰を与えに来たのではない。
落着いておいで！　私は乱暴なんかしない。
私の腕の中で、やすらかにお眠り！

（西野茂雄　訳詞）

こんな不気味で恐ろしい詩に曲をつけようと思ったシューベルトという人間は、よほど悲しみに魅入られた人だったに違いない。歌曲「死と乙女」は非常に美しく、同時に深い悲しみに包まれた曲だが、弦楽四重奏曲で奏でられると、一段と悲劇性を増すことになった。

ところで、この「死と乙女」の会話が何かに似ているとは思わないだろうか。そう、同じシューベルトの歌曲「魔王」である。魔王もまた子供を死の世界に誘うように甘い優しい言葉をかける。子供は恐怖で泣くが、最後に力ずくで子供を死の世界へと連れて行く。

これは偶然なのだろうか。私にはそうとは思えない。実はシューベルトは「死」というものに魅入られていた男だったと思っている。もしかしたら若い時から、自分は長く生きられないという予感があったのかもしれない。シューベルト自身がそんなふうに綴った手紙や日記は残っていないし、彼がそう語ったという証言もない。しかし私にはそう思えてならない。なぜならシューベルトの音楽には常に「死」を連想させるようなものがあるからだ。

ショパンの「葬送行進曲」を思わせる重く暗い主題（作曲年代はシューベルトが先）は、同時に胸が苦しくなるほど悲しくて美しい。この耽美的《たんびてき》とも言える美しさはどうだろう。まるで聴くものを魔法にかけるかのようだ。そして主題が終わると変奏曲が始まるが、音楽は一段と美しさを増す。同時にさらに悲劇性も増す。そして第一変奏の後半、音楽は切なさの極致に到達する。この部分を聴いて、悲しみに襲われない人はいないだろう。

ここには歌詞も何もないのに、「乙女」と「死」の恐ろしい会話が聞こえる。「死」を払いのけようとする乙女の悲痛なる願いと、彼女を死の世界へ誘おうとする「死」の甘い囁《ささや》きが、四つの弦楽器が奏でる音楽によって表わされる。もしかしたらこの乙女の言葉はシューベルト自身の願いであったのかもしれない。なぜならこの曲を作曲当時、彼は既に健康を損ねていたからだ。そしてこの曲を作った四年後、貧困のうちに亡くなる。

第三楽章はスケルツォ（三拍子の諧謔曲《かいぎやくきよく》）であるが、ここでも安らぎはない。なぜならこれまた短調だからである。音楽的にはシューベルトがしばしば書いたレントラー（四分の三拍子の舞曲）だが、全体に暗く、舞曲の楽しさは皆無である。

そして驚くべきことに、続く最終楽章の四楽章も短調なのである。交響曲、ソナタ合わせて全楽章を短調で押し通した曲は、「死と乙女」以前には一曲もなかったのではないだろうか（モーツァルトやベートーヴェンの短調の曲も中間楽章では長調が使われている）。

終楽章は「タランテラ」という舞曲で出来ているが、「タランテラ」は毒蜘蛛《どくぐも》（タランチュラ）に噛まれると、毒を抜くために踊り続けなければならないと言われていたことからその名が付いた舞曲である。悪魔が笑っているような不気味な曲で、ベートーヴェンの有名な「クロイツェル・ソナタ」（ヴァイオリンとピアノの二重奏曲）の終楽章にも非常によく似ている。ちなみにロシアの文豪トルストイは「クロイツェル・ソナタ」を聴いて強いインスピレーションを受け、嫉妬と性欲に狂う男の狂気を描いた『クロイツェル・ソナタ』という小説を書いている。もしかしたらシューベルトもまた「クロイツェル・ソナタ」を聴き、そこに潜む暗い情念のようなものを嗅ぎ取ったのかもしれない。

恐怖さえ感じさせるイタリア弦楽四重奏団の演奏

アルバン・ベルク四重奏団の演奏が非常に劇的である。シューベルトのデモーニッシュな部分を引き出した名演奏である。イタリア弦楽四重奏団の演奏は鬼気迫るものだ。第一楽章冒頭の「叫び」は悲痛の極みで、聴く者に恐怖さえ感じさせる。エマーソン弦楽四重奏団、メロス四重奏団、ボロディン弦楽四重奏団の演奏もいい。モノラルだが、ヴィーン・コンツェルトハウス弦楽四重奏団の演奏は古き良き時代の味わいがある。

ところでこの曲はグスタフ・マーラーが弦楽合奏版に編曲している。管楽器と打楽器を除いたオーケストラで演奏される「死と乙女」は一層の迫力と怖さを感じさせる。マルコ・ボーニ指揮アムステルダム・コンセルトヘボウ室内管弦楽団、ヴラディーミル・スピヴァコフ指揮モスクワ・ヴィルトゥオージの演奏が面白い。

第二三曲

ロッシーニ「序曲集」

クラシック界の「天才ナンバー1」

季節に喩えるといつも夏

　クラシック音楽の歴史は「天才たちの記録」とも言えるが、私が個人的に「天才ナンバー1」候補の一人に挙げたいのはジョアキーノ・ロッシーニ（一七九二―一八六八）である。

　彼の音楽を聴くと、才気が奔流のようにほとばしるのを感じる。そこにはシャンパンがはじけるようなみずみずしさがあり、太陽の光が燦々《さんさん》と降り注ぐような眩《まばゆ》さがあり、美しい花が咲き乱れるような華麗さがある。全体に流れるような「歌」があり、速い部分では沸きたつような高揚感が得られる。かと思えばロマンチックな部分では泣きたくなるほどの切なさ

お薦めの1枚

■アルトゥーロ・トスカニーニ指揮
■NBC交響楽団
■1945-53年録音
■ソニー・ミュージックジャパンインターナショナル
規格品番：SICC-1801

を味わえるし、盛り上がるところでは凄まじい迫力に圧倒される。まさに音楽の魅力をすべて持っていると言っても過言ではない。

しかしクラシック・マニアの間ではロッシーニの評価は高くない。その理由はわかる気がする。というのは才能に任せて書きなぐったように見える曲が多いのだ。彼のもっとも有名なオペラ「セヴィリアの理髪師」は何と三週間で書きあげられた。このオペラの上演時間は三時間もあり、作曲家は全オーケストラの楽譜のみならず、アリア、二重唱、三重唱、合唱なども書かねばならないことを考えると、これは驚異的な速さである。しかも大変な傑作である。よほど才能に溢れていなければ不可能だ。彼はこの筆の速さで二十年足らずの間に四〇曲を超えるオペラを書いている。しかし一方で自作の使い回しも平気でやる杜撰《ずさん》な男でもあった。また非常に怠け者であったと伝えられる。

先程、彼の音楽にはすべてがあると言ったが、実はただ一つないものがある。それは「深刻さ」である。切ない部分はあるが決して悲しくはなく、悲劇的に見えても本当の「暗さ」や「怖さ」はない。同時期に同じヴィーンで活躍したベートーヴェン（年齢はロッシーニが二十二歳若い）の曲にある深い「精神性」のようなものはロッシーニからは感じることができない。なぜなら彼の音楽はあまりにも優美で軽いからだ。季節に喩えると、四季がなくいつも夏、というイメージだ。だからといって彼を低く評価するのは間違いだと思う。クラシックは何も「深刻」で「真面目」で「陰翳《いんえい》」がなければならない理由はない。常夏《とこなつ》の音楽があってもいい。

ロッシーニは二十歳そこそこで大人気作曲家となった。オペラはどれも大当たりし、金銭的にも大いに潤った。パリを訪れた時も聴衆は熱狂し、かの文豪スタンダールが「ナポレオンは死んだが、別の男がやってきた」と書いたほどだ。

映画やテレビで使われる超有名曲

さて前置きが長くなったが、今回、私が紹介したいのはロッシーニの序曲集である。彼の代表的なオペラの序曲が入ったCDは何枚も出ているが、これらは私の愛聴盤である。CDによって収録曲は若干違っているが、「セヴィリアの理髪師」「ウィリアム（ギョーム）・テル」「どろぼうかささぎ」といった超人気曲はたいてい入っている。

クラシックをあまり聴いたことがない人でも、ロッシーニの序曲集を聴けば、その魅力の虜《とりこ》になるだろう。二百年前の作曲家とはとても思えないほど現代的なセンスに満ちているのだ。ロッシーニの音楽は時代を超えて聴く者に生理的な快感を与える。

嘘だと思うなら「セヴィリアの理髪師」序曲を聴いてみるといい。うきうきするような楽しげな序奏が終わった後、うっとりする甘い歌が流れる。やがてミステリアスで妖しいパッセージが畳みかけるように奏でられるが、その魅惑的な旋律は心をかき乱すような麻薬的な魅力に満ちている。こんなメロディーは誰も書けない。悲劇的な予感にはっと思った次の瞬間、今度は切ないまでの音楽に変わり、センチメンタルな感情を煽る。

音楽は万華鏡のようにめまぐるしく変化し、いささかも停滞することがない。そして終盤はテンポをぐんぐん上げ、凄まじいドライブ感を持ってコーダに突き進む。わずか数分の中に、いくつもの名曲が詰め込まれているような贅沢さがある。並の作曲家なら一つの動機（モティーフ）を徹底的に使いたおすところを、ロッシーニはメロディーを惜しげもなくつぎ込むのだ。小説で喩えるなら、いくつも長編を書けるだけの材料を短編の中に放り込んでしまう感じだ。

「どろぼうかささぎ」序曲も見事な曲だ。軍楽隊を思わせる勇ましい行進曲風の序奏の後、ロッシーニ特有の軽快なパッセージが繰り返される。スピードに乗って上下行するそのメロディーは、音楽の悪魔がからかうような不気味なユーモアに満ちている。それでいてゾクッとするほど美しい。映画監督のスタンリー・キューブリックはクラシック音楽をうまく映像に溶け合わせる天才だが、近未来SF映画『時計仕掛けのオレンジ』において、壊れた劇場で不良少年たちによる凄惨《せいさん》な乱闘シーンにこの曲を使って素晴らしい効果をあげている。まるでこの映像に合わせて曲を作ったのかと思うほど現代的な音楽に聴こえる。

「ウィリアム・テル」序曲は、おそらくロッシーニの曲の中で最も有名な曲だろう。フィナーレに使われた行進曲は数あるクラシック曲の中でも特に知られている名曲だと言える。ちなみにこの曲のフィナーレは前記『時計仕掛けのオレンジ』の中でコメディチックなセックスシーンのBGMに使われている。

このオペラはスイスの伝説的英雄ウィリアム・テルの活躍を描いたものだが、序曲自体がオペラ全体をあらわしている。「夜明け」「嵐」「静寂」「スイス軍隊の行進」の四部で構成された大掛かりな序曲は、それだけで一つのドラマになっていて、まるで小さな交響曲とも言えるほど完成度が高い。チェロとコントラバスとティンパニだけで演奏される「夜明け」の美しさは絶品である。そして次の「嵐」ではオーケストラが全合奏で凄まじさを見せ、その迫力はヴァーグナーもしのぐほどだ。嵐が過ぎ去った後はアルトオーボエ、イングリッシュホルン、コーラングレとフルートがロマンチックな牧歌を奏でる。そしてフィナーレの「スイス軍隊の行進」は勝利の雄叫びとも言える怒濤のマーチだ。このフィナーレはベートーヴエンの「運命」と同じくらい、ドラマやアニメで使い倒されてきた（有名なところでは伝説的テレビ番組「オレたちひょうきん族」のオープニング曲）。今や一種のギャグみたいになった曲ではあるが、優れた演奏で序曲全体を通して聴くと、このフィナーレが持つとてつもないエネルギーとパッションに圧倒される。

ロッシーニのオペラにはこの他にも「アルミーダ」「アルジェのイタリア女」「絹のはしご」など、名曲が目白押しである。どの曲も、明るく、切なく、甘く、ロマンチックで、それでいてスピード感に溢れている。すべての曲に「これぞロッシーニ！」という刻印が押されている。

彼は十九世紀のヴィーンで大変な人気を博し、彼自身も金銭的な成功を収めた。貧困に苦しんだ作曲家が少なくない中、これはきわめて珍しいケースだ。彼の怠け癖はもしかしたら大金を手にしたせいかもしれない。人間は誰しも金があれば働きたくないものだ。もし彼がモーツァルトやベートーヴェンのように金銭的に困窮していたなら、その才能をもっと使って作曲に励んだかもしれない。

彼は三十七歳で最後のオペラを書いた後は作曲活動をほぼ引退し、残り約四十年の人生を料理研究と旅に明けくれることになる。そして何と晩年は高級サロンやレストランを経営する。ありあまる作曲の才能を持ちながら、七十六歳で亡くなるまで趣味の世界に没頭した彼の生き方には呆れるばかりだが、ここまで徹底されるとかえって潔い気もする。

しかし、と私は思う。もしロッシーニが生前に爆発的な人気を博さず、生活のために作曲をしなければならなかったとしたら、ベートーヴェンもかくやという傑作を何曲も書いたのではないか、と。ただ明るいだけの曲ではなく、陰翳《いんえい》に満ちた深みのある名曲をいくつも残し、もしかしたら今日、「楽聖」と呼ばれるような存在になっていたのではないか——。しかしロッシーニはそんな私の想像を聞けば、豪快に笑い飛ばすかもしれない。

「自分の曲が受けなければ、さっさと音楽の道を捨てたさ」と。

たしかに彼なら実業の世界に飛び込んでも成功したような気がする。そして三十代で財をなし、やはり後年は料理作りと旅を楽しんだかもしれない。

トスカニーニの超名演

演奏はアルトゥーロ・トスカニーニ指揮のNBC交響楽団のCDが素晴らしい。どの曲も「歌」に満ち、同時に気迫とエネルギーがみなぎっている。六十年以上も昔のモノラル録音だが、演奏はいささかも古びない。「ウィリアム・テル」などは超名演と言ってもいい。ラストの「スイス軍隊の行進」などはまさに怒濤の大迫力だ。

フリッツ・ライナー指揮のシカゴ交響楽団の演奏も凄い。迫力だけならトスカニーニを上回るかもしれない。これも五十年以上前の録音だが、当時、世界最高と言われたシカゴ響の底力には舌を巻く。

ヘルベルト・フォン・カラヤン指揮のベルリン・フィルハーモニー管弦楽団も見事としか言いようのない演奏。新しい録音ならシャルル・デュトワ指揮モントリオール交響楽団、クラウディオ・アバド指揮ヨーロッパ室内管弦楽団の演奏も素晴らしい。

第二三曲

「職人」が自分のために作った曲

モーツァルト「ピアノ協奏曲第二〇番」

お薦めの１枚

■ピアノ：フリードリヒ・グルダ
■クラウディオ・アバド指揮
■ヴィーン・フィルハーモニー管弦楽団
■1974年録音
■ユニバーサル ミュージック
規格品番：UCCG-5353

父のお気に入りの曲

私の父は大のクラシック音楽ファンだった。大正十三年生まれで高等小学校しか卒業していない父が、戦前は上流階級の趣味と言われていたクラシック音楽になぜ興味を持ったのかはわからない。父が亡くなった今、一度聞いておけばよかったと悔やまれる。

私が幼い頃（昭和三十年代）、三〇センチLPレコードは一枚二〇〇〇円前後していた。当時、父の給料は一万円程度だったから、百田家に新品レコードを買える余裕はもちろんない。私が物心ついたころ、我が家にあったクラシックレコードはEP盤（一七センチLP）

も含めて一〇枚ほどだったと思う（当時はおそらくすべて中古。昭和四十年代に入ると給料も増えて、コレクションの数も徐々に増えてはいったが）。父はその一〇枚ほどのレコードを繰り返し大切に聴いていた。その中の一枚にモーツァルト（一七五六―九一）のピアノ協奏曲のレコードがあった。

A面に「第二〇番」ニ短調K466、B面に「第二四番」ハ短調K491の二曲が入っていた。演奏は女流ピアニストのクララ・ハスキルとイーゴル・マルケヴィッチ指揮するコンセール・ラムルー管弦楽団。

父はこの「第二〇番」が大好きだったが、幼い頃の私には何とも怖くて奇怪な曲というイメージがあった。第一楽章の序章にしばしばトゥッティ（全合奏）が一斉に休止するところなどは、レコードが壊れているのではないかと思ったほどだ。全曲を演奏すると三十分以上かかるのも、子供にとっては気の遠くなるほどの長さだ。

ところが成人してクラシック音楽の魅力に取り憑かれてからは、大のお気に入りになった。モーツァルトの後期の八曲のピアノ協奏曲（「第二〇番」～「第二七番」）は傑作揃いだが、その中でも「第二〇番」はひときわすぐれた曲だ。

モーツァルトは作曲に関してはオールラウンドプレーヤーで、あらゆるジャンルの曲を書いた。交響曲、オペラ、協奏曲、室内楽、器楽曲と、およそ彼が書かなかったジャンルはない。そのほとんどの曲は誰かに頼まれて作曲したもので、つまりモーツァルトという作曲家は芸術家というよりはむしろ職人であった。

だから彼は曲を依頼してきた楽団やソリストの力量に合わせて作曲するというモットーを持っていた。たとえば「初心者のための小クラヴィーア・ソナタ」という副題が付けられているピアノソナタ・ハ長調K５４５は、おそらく弟子のレッスン用に書かれたもので、テクニック的には極めて易しく書かれている。にもかかわらず晩年を代表する傑作となっているところにモーツァルトの凄味がある。

そんなふうに彼は依頼主のリクエストに合わせて曲を書くのが常だったが、一つだけ例外がある。それがピアノ協奏曲だ。彼の二七曲あるピアノ協奏曲はそのほとんどが自分が公開演奏で弾くために作曲したものだ。つまり彼がピアノ協奏曲を書く時は、他の人の演奏のことなどを考慮することなく、本当に書きたい音楽を書いた。またピアノ演奏の名手であったからピアノパートも力をセーブする必要はない。とはいえ、テクニック的には難しく書かれているわけではない。むしろ音は少なめでもある。実はここには少しわけがあるが、それは後に述べる。

また音楽的にも実に深いものがある。もしかしたらモーツァルトは自分の芸術性を最も強く打ち出したいと思った時、自らが演奏するピアノ協奏曲でそれを表現したのではないだろうか。

自らの禁を破り、ニ短調で作曲

「第二〇番」はモーツァルトがピアノ協奏曲で初めて書いた短調の曲である。実は彼は徹底した長調の作曲家である。なぜなら短調が当時の多くの聴衆に好かれないことを知っていたからだ。しかし、この曲で彼は自らの禁を破り、ニ短調という非常に暗い調性で作曲した。ちなみにニ短調は彼の最も悲劇的なオペラ「ドン・ジョバンニ」序曲や彼の絶筆となった「死者のためのミサ曲（レクイエム）」と同じ調性である。

「第二〇番」のピアノ協奏曲は、冒頭から得体のしれない何かが近付いてくるような不気味な音楽で始まる。それは聴く者の心を不安と恐怖で揺さぶるような響きである。ベートーヴェンの「第五交響曲」のようないきなり襲いかかるような激しい「運命」ではない。静かに忍び寄る死神の足音に似ている。やがてトゥッティでフォルテが奏されると悲劇性が一気に増す。

オーケストラの提示部が終わると、ピアノが新しい主題で静かに入ってくる。この動から静への転換も見事である。しかしまもなくオーケストラと闘争を繰り広げるような劇的な展開を見せる。こんな言い方は適切ではないのを承知で言うが、この劇的展開はベートーヴェン的である。いや、正しくはベートーヴェンを先取りしていると言うべきか。実際、モーツァルトの十四歳年下のベートーヴェンはこの曲に対して強い愛着を持っていて、この曲のカデンツァを作曲しているほどだ。カデンツァというのは、古典的協奏曲にはつきものの部分で、楽章の終わり部分に演奏者がソロで名人芸を見せるところだ。モーツァルトの場合、カデンツァは楽譜にしていないことが多く、つまり演奏者のアドリブ（即興演奏）に任せている。おそらくモーツァルトが実際に演奏会で弾く時も即興で弾いたはずである。

即興と言えば、彼のピアノ協奏曲にはピアノパートの部分も即興に委ねられているところが少なくない。というのはもともと彼自身が弾くために書かれたものだから、細かい楽譜や指定は必要なかったのだ。つまり楽譜は簡単にしておいても、実際に弾く時は即興でいくらでも難しく弾くことが出来たのだ。後の時代になると、協奏曲はプロの演奏家が弾くようになり、作曲家も楽譜にはきっちりと音符を書き、細かい指定も書いたが、モーツァルトの時代はそうではなかった。

だから、これは私の個人的な考えだが、現代でモーツァルトのピアノ協奏曲を弾く場合、ピアニストは自由にアドリブを加えるべきだと思う。これはモーツァルトの楽譜を尊重していないのでは決してない。むしろそれこそモーツァルトが望んだ演奏だと思う。実際にモーツァルトは演奏会で繰り返し（ダ・カーポ）をする時は、必ず一度目と違う演奏をしたと伝えられている。現代の演奏家が繰り返しを「楽譜通り」機械的に同じように弾くのは、むしろモーツァルトの意図に反しているのではないかとさえ考えてしまうのだ。彼のピアノ協奏曲のピアノパートに非常に音符が少ないのは、即興演奏の余地を残しているからなのだ。

話がだいぶ脇にそれたが、第二楽章はモーツァルトの数多い曲の中でも、屈指の名曲ではないかと思う。ピアノが単音で奏でる美しいメロディーは、聴く者を慰撫するような優しさに満ち溢れていて、しかし同時に胸に迫る切なさがある。モーツァルトの数奇な生涯を描いた名画『アマデウス』のエンディングのタイトルバックにこの楽章の全曲が使われたが、私にはまるで彼の鎮魂曲のようにも聴こえた。

第三楽章はうってかわって再び激しい闘争が繰り広げられる。だがそれはベートーヴェンのような勝利に向かう闘争ではない。あたかも抗えない運命に押しつぶされるような悲痛さに満ちている。全曲を暗い雲が覆うように短調が支配するが、幾度か雲の隙間から陽光のような長調が顔をのぞかせる。しかしそれはいずれも一瞬で、決して真に明るい光とはならない。

やがてカデンツァを経て、長調となって初めて明るさを取り戻すかに見えるが、決して真の明るさとはならない。そして悲劇の色を残したまま曲は激しく終わる。この曲こそ、二十代半ばになって円熟期を迎えようとしていたモーツァルトが、自らの作曲家としての持てる力を結集させて作った大傑作である。

悪魔的な凄さを引き出した名演

さて、この曲は一流ピアニストが弾くCDなら何を聞いても不満を感じることはまずない。その中でも敢えて何枚か選んでみよう。まずはフリードリヒ・グルダ（ピアノ）とクラウディオ・アバド指揮ヴィーン・フィルハーモニー管弦楽団の演奏。グルダのピアノ演奏はベートーヴェン的な力強さを持った雄渾なもので、それでいて優美なたたずまいも失われていない。ただしバックのオーケストラはやや平凡。カデンツァはベートーヴェンのものと同時代のピアノの名手ヨハン・ネポムク・フンメルのものを弾いている。

次はヴラディーミル・アシュケナージが弾き振り（ピアノと指揮の両方）のフィルハーモ

ニア管弦楽団の演奏。アシュケナージの端正な演奏はとにかく美しい。カデンツァはベートーヴェン。モーツァルトのピアノ協奏曲はピアニストが自ら指揮を兼ねて録音するケースが比較的多い。その方が思うがまま演奏できるからだろうか。ダニエル・バレンボイム、マレイ・ペライアなども弾き振りしているが、いずれも名演である。

ところで、かつて父が愛聴していたレコードも今やCDとして我が家のラックに収まっている。このハスキルとマルケヴィッチの演奏は、今となっては随分古い録音となって、音も決してよくないが、これは歴史的名演である。モーツァルト弾きとして名高い女流ピアニスト、ハスキルのピアノの美しさは言葉を失う。まさしく玉をころがすようなと言いたくなる音は、モーツァルトの悲しみを見事なまでに表現しているように思う。カデンツァはハスキルの自作だが素晴らしい。これはまったくの余談だが、私の妻はハスキルの若い頃の顔に非常に似ている。幼い頃からレコードジャケットにあるハスキルの顔を何度も見てきて、刷り込まれていたのだろうか。

最近流行りのピリオド楽器（作曲家が生きていた時代の楽器）による演奏なら、マルコム・ビルソンがモーツァルト時代のフォルテピアノを弾き、ジョン・エリオット・ガーディナーが指揮したイングリッシュ・バロック・ソロイスツの演奏がいい。フォルテピアノの素朴な音が心に染み入る。カデンツァは自作。このコンビはモーツァルトのピアノ協奏曲全曲を録音しているので、興味のある方は全集を購入されてもいい。

最後に一枚、私が偏愛しているCDを挙げる。不世出の指揮者ヴィルヘルム・フルトヴェングラーがベルリン・フィルハーモニー管弦楽団を指揮してフランスの女流ピアニスト、イヴォンヌ・ルフェーブルが弾いた演奏である。これほど不気味で恐ろしい演奏はない。一九五四年にルガノで行なわれたライブ録音で、音は極めて悪いが、モーツァルトのデモーニッシュ（悪魔的）な凄さを極限までに引き出した異様な演奏である。長年にわたってナチスと戦い続け、また第二次世界大戦中は連合国の爆撃の嵐の中を生き抜いたフルトヴェングラーはこの演奏の半年後に亡くなるが、まるでその運命を知っているかのように、暗く激しい響きが全曲を覆う。これもまたモーツァルトの「ピアノ協奏曲第二〇番」のもう一つの顔である。

第二四曲

バッハ「ゴルトベルク変奏曲」

対位法の最高峰

お薦めの1枚

■ピアノ：グレン・グールド
■1955年録音
■ソニー・ミュージックジャパンインターナショナル
規格品番：SICC-30036

編曲能力こそ作曲家の真の力

今回はJ・S・バッハ（一六八五―一七五〇）の「ゴルトベルク変奏曲」を取り上げようと思う。もともとはチェンバロのために書かれたこの曲は繰り返しを入れると一時間を軽く超える長大なものだが、クラシックファンには大変な人気曲で、今なお毎年、新人ベテランを問わず多くのピアニストやチェンバリストが新しい録音を出している。

変奏曲というのは、簡単に言えば「主題をアレンジ（編曲）した曲」で、実はこの編曲能力こそが作曲家の真の力を測れるものと言っても過言ではない。若きベートーヴェンがモーツァルトの口ずさんだ主題を即座にピアノで変奏して驚かせたという有名な伝説がある。「ゴルトベルク変奏曲」は主題と三〇の変奏曲からなるが、バッハの変奏はかなり大胆なもので、初めて聴くと、主題のメロディーは第一変奏からほとんど聴き取れない。実はバスの主題（低音部）を残して、あとは自由闊達《じゆうかったつ》と言っていいほどに大胆な変奏を繰り広げているからだ。

バッハは古今随一の対位法作曲家で、かつ同時代に並ぶ者のない鍵盤奏者だったが、この曲ではその能力のすべてを注ぎ込んでいる。対位法とは、異なる二つ以上のメロディー（声部）が同時に進行する音楽である。バッハの鍵盤曲の場合は三つないし四つの異なる声部が同時に進行する。

主題のアリアは優しく語りかけるような曲である。疲れた心に染み入るような、今風の言い方をすればヒーリングの音楽である。それが第一変奏でいきなり躍動するような曲となる。続く第二変奏では、再び瞑想する曲となる。そして第三変奏ではユニゾン（同度）のカノンとなる。

カノンというのは厳格なフーガで、まったく同じメロディーが遅れて追いかける曲である。ちなみに第六、九、一二、一五、一八、二一、二四、二七変奏、つまり三の倍数の変奏曲ではすべてカノンになっているのだが、第六変奏では二度、第九変奏では三度、第一二変奏では四度という具合に、追いかけるメロディーが一度ずつ最初のメロディーと開いていくのだ。だから第二四変奏ではオクターブ離れたカノンになる。また第一五変奏の五度のカノンは「反行カノン」となっていて、これは五度離れて追いかけるメロディーが最初のメロディーを後ろから演奏した形になっている。

これらのカノンを聴いているだけで、バッハの恐ろしいまでの天才ぶりがわかるが、それ以外の変奏曲もため息が漏れるほど素晴らしい。一見平凡とも思える主題のアリアが、万華鏡のように様々に変化していく様子は、「音楽」の持つ無限の可能性を見せられているようだ。インヴェンション、シンフォニア、フゲッタ、フランス風序曲、トリオ・ソナタ、さらに多くの舞曲があり、ここにはバッハの鍵盤音楽のすべてがある。その中には曲芸的な技巧を要する曲もあり、バッハ自身が類《たぐ》い稀《まれ》なテクニックの持ち主であったことがうかがえる。

この偉大な曲がいかに精緻《せいち》に作られているか、一つ一つの変奏曲に使われている技法がいかに驚くべきものであるかについては詳しく語りたい部分ではあるが、かなり専門的な話になるので省略する。

ただ、一つだけ書かせていただきたいことがある。それは最後の第三〇変奏である。これは「クォドリベ（クォドリベット）」と記されている。クォドリベとはラテン語で「お好きなように」を意味する言葉だが、バッハの時代に流行った音楽の遊びで、複数人がそれぞれちがう歌を同時に歌うというものだ。音楽一家のバッハ家では家族でよく行なわれていたというが、彼は「ゴルトベルク変奏曲」の最後を飾る変奏曲で、この遊びを取り入れたのだ。使われたのは当時の俗謡「長らくご無沙汰しましたが」と「キャベツとカブがおいらを追い出した」という歌である。

私はこの二つの歌を録音したCDを持っているが、元のアリアとは似ても似つかない曲である。ところがバッハはこの二つの歌を組み合わせて見事な変奏曲にしている。しかもこれらが時にカノンになり、フーガになり、バス主題と合わせて四声部で演奏されるのだ。まさしくバッハの対位法の完成された姿である。

しかも俗謡のタイトルをよく見ると、そこにもバッハの遊び心が満載されているのがわかる。「長らくご無沙汰しましたが」という歌詞は、この後に戻ってくるアリアを連想させている。また「キャベツとカブがおいらを追い出した」という歌詞も、三〇曲の変奏曲で追われたアリアの気持ちを代弁しているかのようである。

名前の由来

私は「ゴルトベルク変奏曲」を偏愛していて、手元にはCDが一〇〇種類以上ある。チェンバロ演奏とピアノ演奏のほかに、ギター、アコーディオン、シンセサイザーによるもの、さらに弦楽合奏、金管合奏など、実に多くの演奏がある。もともとチェンバロ曲であったものがここまで多くの楽器にアレンジされている曲はほかにはない。つまりそれだけ「ゴルトベルク変奏曲」の中には作曲家や演奏家を刺激してやまないものがあるのだ。

この曲の成立と名前には有名な伝説がある。それは不眠に悩まされていたカイザーリングという伯爵が、眠れぬ夜を過ごすために、バッハに依頼して出来たというものだ。伯爵にはゴルトベルクというお抱えのチェンバリストがいて、伯爵は毎晩、「ゴルトベルクや、今夜も私の変奏曲を弾いておくれ」と頼み、それを鑑賞したということから、その名が付けられたと言われる。カイザーリング伯爵もゴルトベルクも実在の人物だが、この話は実話ではないとされている。

余談だが、私は三年前、五十六歳の時に生まれて初めて全身麻酔による手術を経験した。この時、手術室で聴いた曲は「ゴルトベルク変奏曲」の弦楽三重奏による演奏のCDだった。麻酔医に「手術中は好きな曲をかけていいですよ」と言われ、私自身が用意したのがこのCDだったというわけだ。もっとも耳にしていたのはアリアと最初の変奏曲だけで、麻酔液が注入されてからは一切記憶がない。全身麻酔による死亡例は約二〇万件に一件と説明を受けていたが、麻酔液が腕から入ってくるのを感じながら、この曲を聴きながらあの世に旅立てるなら、それでもいいかと思ったのを覚えている。

グールド名演の快感

さて、これほどの名曲だから、名演奏は星の数ほどあるが、この曲に関する限り、やはりグレン・グールドによる二種類の演奏（一九五五年盤、一九八一年盤）は避けて通れないだろう。奇行で知られるこのカナダの天才的ピアニストは、一九五五年、それまで一部の愛好者にしか知られていなかったこの曲で鮮烈にデビューし、クラシックのレコードとしては異例の大ヒットを記録した。のみならず「ゴルドベルク変奏曲」を一躍人気曲にした。その意味でもこの演奏はレコード史上に残る名盤である。半世紀以上も前の録音でモノラルだが、スタッカートに近いノンレガート奏法をふんだんに用い、しかも超絶技巧で弾かれたこの演奏は今聴いても一種スポーツ的な快感を覚える。またグールドは対位法を浮かび上がらせるのが非常に上手いピアニストだが、それがここで見事な効果をあげている。彼は最晩年の一九八一年に同曲を再録音（これはステレオ）したが、こちらは徹底的に考え抜かれた演奏で、一部繰り返しをしている（一九五五年盤は繰り返しはすべて省略）。

グールドのCDはこの二種のスタジオ録音が圧倒的に有名だが、私は彼が一九五九年にザルツブルクで弾いたライブ録音が最も気に入っている。グールドは「コンサートは死んだ」という言葉を残して公開演奏をしなくなったピアニストとして有名で、後半生はひたすらスタジオにこもってレコード録音に専心するが、若い頃はコンサート会場で弾いてもいた。ザルツブルク音楽祭で弾かれたこの時の演奏はまさしく鬼気迫るもので、彼の超絶的なテクニックがスタジオで編集されたものではないということがわかる。

グールド以降、素晴らしい名盤が続々と誕生したが、その中から敢えて一枚を選ぶとするなら、アンドラーシュ・シフを挙げる。グールドが「ゴルトベルク変奏曲」の面白さを追究した演奏と言うなら、シフは「ゴルトベルク変奏曲」を音楽的に追究したと言えるかもしれない。

最も奇妙な演奏は、ヴラディーミル・フェルツマンがモスクワで行なった実況録音だ。ここでフェルツマンはすべての繰り返しで、編曲とも言える大胆な即興演奏を行なっている。

右手と左手を入れ替えて弾いたり、声部を一オクターブずらしたり、まさにやりたい放題だが、聴いていてこれほど面白い演奏はちょっとない。

現在、この曲は実に多くの編曲バージョンのCDが作られているが、その先鞭《せんべん》をつけたのはヴァイオリン奏者のドミトリー・シトコヴェツキーがヴァイオリンとヴィオラとチェロの三重奏に編曲した演奏である。これはシトコヴェツキーがグールドのレコードを聴いて感動して編曲して演奏したもので、「グレン・グールドを偲《しの》んで」という言葉を寄せている。原曲の三ないし四つの声部で織りなす対位法を三つの弦楽器が見事に表現している。いや、それまで一台のチェンバロやピアノの演奏では聴こえなかった声部までも浮かび上がらせている。この編曲以後、「ゴルトベルク変奏曲」は様々な演奏家たちがこぞって編曲するようになった。その意味で、シトコヴェツキーの演奏（編曲も含めて）もまたモニュメント的な名盤である。

ちなみに私が手術室で聴いた演奏はこれである。

第二五曲

ベートーヴェン「ヴァイオリン協奏曲」

「闘争」がまったくない幸福感に溢れた曲

優美なベートーヴェンを代表する曲

ベートーヴェン（一七七〇－一八二七）は三十代の初め頃から突如として恐ろしい傑作を次々とものにするようになった。もちろんそれ以前から将来を嘱望《しょくぼう》されるような名曲をいくつも書き、それらは今日でも人気曲となっているが、中期以降のベートーヴェンは創造の神でも降りて来たかのように芸術家として大変革をとげる。それまではどちらかと言えば、ハイドンやモーツァルトの延長線上にあった音楽が、突如として、誰も聴いたことがないような斬新な音楽へと変貌したのだ。

お薦めの１枚

■ヴァイオリン：ダヴィッド・オイストラフ
■アンドレ・クリュイタンス指揮
■フランス国立放送管弦楽団
■1958年録音
■ワーナーミュージック・ジャパン
規格品番：WPGS-50137

その頃、ベートーヴェンは音楽家にとって最も大切な耳の病気を患い（晩年は完全に失聴する）、ついには自殺を考えるまでに思い詰める。しかし死を思いとどまって以降、あたかも過酷な運命に挑むかのように激しい音楽を書くようになる。そして中期を代表する名曲が続々と生み出された。この作品群を後にロマン・ロランが「傑作の森」と名付けたが、これは素晴らしいネーミングである。

壮大かつ雄々しい「エロイカ」交響曲、「運命」と呼ばれる「第五交響曲」、古今のピアノソナタで最も激烈な「熱情」ソナタ、四つの弦楽器が火花を散らす「ラズモフスキー四重奏曲」など、この頃の彼の音楽は、まさしく運命と格闘するような曲である。

しかしその一方で、ベートーヴェンは優美で繊細な音楽も書いている。「エロイカ」の次に書かれた「第四交響曲」、「運命」とほぼ同時に書かれた「田園」交響曲などは聴く者を慰撫するような優しい曲である。まったく対極的な音楽を書けるあたりがベートーヴェンのスケールの大きさと言えるが、今回、紹介する「ヴァイオリン協奏曲」はそんな優美なベートーヴェンを代表する曲である。

この曲は全曲にわたって優しさに満ちている。はたしてこれがあのベートーヴェンなのかと思うくらいである。先程、優美な曲の代表として挙げた「第四交響曲」や「田園」にしても、そこにはやはりベートーヴェン的な闘争がある。ところが「ヴァイオリン協奏曲」だけはそうしたものが一切ないのだ。全曲にわたって幸福感に溢れ、まるで花園に遊ぶようである。いったいこの時期、ベートーヴェンに何が起こったのだろうと誰もが思うに違いない。この拙文を読んで下さっている読者の皆さんは、もしかしたらベートーヴェンは恋でもしていたのではないだろうかと考えるのではないだろうか。その推測は正解である。

ベートーヴェンがこの曲を作ったのは三十六歳の時。この頃、彼は素晴らしい恋をしていた。相手は九歳年下のヨゼフィーネ・フォン・ダイム伯爵未亡人である。ヨゼフィーネは結婚する前はベートーヴェンのピアノの生徒だった。若くして親の言うまま二十歳の時に二十七歳も年上のダイム伯爵と結婚したが、その結婚生活は愛のない空虚なものだったようだ。ヨゼフィーネは妹たちにそのことを嘆いている手紙を書いている。ところがダイム伯爵は投機に失敗して急死する。ヨゼフィーネは二十四歳にして未亡人になった。四人の子供を抱えて途方にくれる彼女のもとへ、ベートーヴェンは何度も訪れて慰めている。彼は悲しみにくれている友人たちを見ると、何も言わずに心を込めてピアノを弾いて聴かせたが、おそらくヨゼフィーネにもそうしたことであろう。そして二人はいつしか恋に落ちた。

二人の関係がどこまで進んだのかは神のみぞ知る。しかし今日残された様々な証言や手紙の類から、二人は明らかに男と女の関係になったと推察される。一九四九年にベートーヴェンがヨゼフィーネに宛てた手紙が大量に発見されたが、それは実に熱烈なもので、二人の関係がただならぬものであることを物語っている。

「悲愴」の項でも触れたが、彼は、下世話な言い方をすれば、非常にもてた。多くの貴族令嬢や夫人と恋をし、その多くは成就した。ただ、身分の違いから、あるいは社会的および倫理的制約から、彼は生涯結婚することはなかった。

オーケストラはベートーヴェン、ソロヴァイオリンは恋人

「ヴァイオリン協奏曲」はベートーヴェンの幸福感がいっぱいに溢れている。そこには激しい闘争もなければ、運命に対する怒りもない。あるのは満ち足りた喜びだけである。

第一楽章はいきなり聴衆の意表をつく。なんとティンパニが弱音で四つの音を叩くところから始まる。これは奇妙なことに、「運命」交響曲の冒頭の「運命動機」と同じである。ただし違うのは、「運命」はアレグロでいきなり激しくフォルテで奏されるのに対して、「ヴァイオリン協奏曲」はまるで恋人の肩をそっと触れるような優しい音で始まる。そしてこの四つの音は全曲を通して何度も現れる。

主題は優美なメロディーである。まるで恋人に歌うセレナーデのようでもある。ここにはあの怒れる獅子ベートーヴェンはどこにもいない。恋の喜びを歌っている少年のような姿である。この楽章は普通に演奏すると二十数分かかる。ベートーヴェンの曲の中でもこれほど長い楽章は滅多にない。まるで彼自身が居心地の良い楽園にできるだけとどまっていたいと欲している、そんな感じすらする。

またベートーヴェンお得意の第一主題と第二主題が互いにぶつかりあいながら弁証法的発展をとげるという手法も取られていない。ひたすら美しいメロディーが全曲を通して流れる。しかし決して甘いだけの曲ではない。楽しげな中にもしばしば切ないメロディーが顔を覗かせる。もっともそれは決して深刻にはならない。言うなれば楽しい恋の中にある「ほろ苦い切なさ」とでも言えようか。要するに全曲、恋に酔っている曲というわけだ。

第二楽章はまるで恋人の胸に抱かれてまどろんでいるような曲である。そう、ベートーヴェンは夢を見ているのだ。その彼にヴァイオリンが優しく語りかける。ヴァイオリンという楽器は女性的な楽器で、オーケストラではしばしば女性を表すのにソロで用いられることがある。この楽章において、ベートーヴェンはまさしくソロヴァイオリンを「恋人」にした。もしかしたらこの優しいメロディーは愛するヨゼフィーネの言葉なのかもしれない。

曲は第二楽章の終わりから切れ目なしに終楽章（第三楽章）へと入る。このロンド楽章でベートーヴェンは恋の喜びを爆発させる。私の最も好きな楽章である。ここではまさにオーケストラがベートーヴェンであり、ソロヴァイオリンが「恋人」である。実は私にはこの楽章は非常にエロチックに聴こえる。しかしヴァーグナーのような淫靡《いんび》なエロチシズムではない。もっとおおらかで健康的なものだ。この楽章において二人は抱き合い、語り合い、手に手を取り合って、喜びをぶつけあう。ベートーヴェンのあらゆる曲の中でこれほどまでに喜びを露骨に表した曲はないのではないかと思う。

そしてカデンツァのあとに迎えるコーダ（終結部分）、この部分はほとんどエクスタシーに達しているようにすら思える。まるで愛し合う二人が互いの体を掻き抱きながら、喜びの頂上に昇っていくようだ。もちろん、これはあくまで私の勝手な聴き方だ。ベートーヴェンはそんなことを表現したかったわけではないかもしれない。だから音楽をそんなふうに解釈して聴くのは邪道だとわかっている。しかし、聴く者がどのように想像して聴いてもいいのが音楽だ。

私はこの曲を聴くたびに、幸福の中にいるベートーヴェンを思って嬉しくなる。しかし一方で、その恋が結局は悲しい結末を迎えたことを知っているだけに、心から喜べないところもある。

ヨゼフィーネとベートーヴェンの恋は祝福されるべき恋ではなかった。身分の違いや倫理上の問題は当時としては越えられない大きな壁だった。結局、二人はこの曲が作られた翌年に別れることになる。ヨゼフィーネは後にある貴族と再婚するが、この結婚も不幸なものに終わる。夫はヨゼフィーネの財産を食い潰すと行方をくらました。困窮した彼女を援助したのはベートーヴェンだった。実はこの頃、ヨゼフィーネは女の子を産んでいるが、その父親はベートーヴェンだという説がある。もちろん確証はない。しかし今日の研究家によれば、この説はかなり有力とされている。

ヨゼフィーネはベートーヴェンが五十歳の時、四十一歳の若さで亡くなっている。彼女は生前、誰にもベートーヴェンとの恋のことは語らなかった。いやそれはヨゼフィーネだけではない。ロマン・ロランはこう書いている。「ベートーヴェンと深い関わりのあった女性たちは、なぜか皆不思議なくらい沈黙を守った。彼女たちは皆、この魅力に満ちた天才との思い出を聖遺物のように心に秘めたまま生涯を閉じている」と。

尚、ベートーヴェンはこの後、死ぬまで「ヴァイオリン協奏曲」は書かなかった。

一九二六年の歴史的名盤

この曲もまた名盤が多い。古今の有名なヴァイオリニストでこの曲をレコーディングしていない者はいない。昔から名盤とされているのは、ダヴィッド・オイストラフ（ヴァイオリン）とアンドレ・クリュイタンス指揮フランス国立放送管弦楽団の演奏である。ここではオイストラフもクリュイタンスも奇抜なことは何もしていない。まさしく悠然たる大人の風格漂う名演奏である。ヘンリク・シェリング（ヴァイオリン）とハンス・シュミット＝イッセルシュテット指揮ロンドン交響楽団の演奏も名盤。完璧なテクニックで十分に歌っている。

フリッツ・クライスラー（ヴァイオリン）とレオ・ブレッヒ指揮ベルリン国立歌劇場管弦楽団の演奏は歴史的名盤と言われているもの。録音は極めて古いが（一九二六年！）、古き良き時代の演奏に耳を傾けるのもたまにはいいのではないか。クライスラーの演奏は今聴いても実に美しい。

録音の新しいものではイツァーク・パールマン（ヴァイオリン）とカルロ・マリア・ジュリーニ指揮フィルハーモニア管弦楽団、チョン・キョン＝ファ（ヴァイオリン）とクラウス・テンシュテット指揮ロイヤル・コンセルトヘボウ管弦楽団のものが素晴らしい。

ところでベートーヴェン自身はこの曲にカデンツァを書いていない。したがってヴァイオリニストは、ヨーゼフ・ヨアヒムやクライスラーといった歴史的名手のカデンツァを弾くことが多い。

尚、この曲はベートーヴェン自身がピアノ協奏曲に編曲している。滅多に演奏されないが、CDはいくつかある。ヴァイオリンとの違いを聴くのもなかなか楽しい。ピーター・ゼルキン（ピアノ）と小澤征爾指揮ニュー・フィルハーモニア管弦楽団の演奏が面白い。

〈番外編〉

『永遠の0』を書いている時に聴いた曲

私は小説を書く時は、ほとんどいつもクラシック音楽をかけている。これは半ば癖のようなもので、音楽がないと落ち着かないのだ。だからたいていは適当に近くにあったCDや、たまたまその時のお気に入りをかけている。

ところがごく稀に、書いているシーンや人物に合わせて、同じ曲ばかり繰り返し聴く時がある。自分の中の創作の泉（そんなものがあるのかどうかは不明だが）をその音楽が刺激し、それを耳にしていると筆が進むのだ。そして極端な時には、この場面を書くにはこの曲を聴いていないと駄目だという気分になってくる時さえある。この本の中にもいくつかそんなことを書き連ねたが、これはあくまで私の個人的な感情にすぎない。読者の皆さんは私の印象に惑わされることなく自由なイメージで聴いてもらいたい。

ただ最後に、自分の小説との関わりの中で特に強烈な思い入れがある作品と曲を紹介したいと思

お薦めの１枚

■ヘルベルト・フォン・カラヤン指揮
■ベルリン・フィルハーモニー管弦楽団
■1967年録音
■ユニバーサル ミュージック（オペラ間奏曲集）
規格品番：UCCG-90318

う。

その小説は私のデビュー作『永遠の0《ゼロ》』（講談社文庫）だ。この作品のエピローグであるラストシーンを書いている時、実はある曲をエンドレスでリピートして鳴らしていた。まさにその音楽こそが、『永遠の0』のラストシーンにふさわしい、というか、これしかない！　という気持ちで聴いていたからだ。

小説は映画ではないから、もちろんBGMなどはない。しかし執筆している私の脳裏には、この時の場面が映像のようにはっきりと映っていた。そしてその映像のバックにはこの曲が映画音楽のように流れていたのだ。

その曲とはマスカーニの歌劇「カヴァレリア・ルスティカーナ」の間奏曲である。小説を読んでいない方にネタバレをすることになるので、エピローグのラストがどういう場面であるかを説明はできないが、物語の主役であった一人の零戦搭乗員・宮部《みやべ》久蔵《きゅうぞう》の弔いの場面である。

恥ずかしい話を白状すると、私はこの場面を涙をぼろぼろ流しながら書いた。キーボードを叩く指にも涙がぼたぼたと落ちた。パソコンのモニターに映る字がぼやけるたびに目をこすった。何度も何度も書き直し、そのたびに泣いた。

「カヴァレリア・ルスティカーナ」の間奏曲はわずか数分の曲だが、執筆中はこのCDをエンドレスでかけ続けた。もう何度聴いたかわからない。『永遠の0』は映画化されたが、原作のこのシー

ンは映画にはない。しかし私の頭の中には、このシーンが映像としてはっきり残っている。そして
そこで流れている音楽は、この曲なのである。
もしこの本の読者で『永遠の０』の原作をお読みになられた方は、一度、「カヴァレリア・ルスティカーナ」の間奏曲を聴きながらエピローグを読んでもらいたい。私が執筆の時に宮部久蔵に対して抱いた哀惜の気持ちの幾分かは共有してもらえるかもしれない。

あとがき

現在、私の自宅と仕事場にあるレコードとCDは優に二万枚を超えています。これは自慢ではありません。むしろ恥ずべきことかもしれないと思っています。

今は小遣いもそこそこあり、またCDも安くなったから、一度に五〇枚一〇〇枚と平気で「大人買い」することが多くなりました。しかしそんな買い方は邪道です。大好きな曲、大好きな演奏家のCDを一枚一枚買うのがクラシックファンの真の楽しみ方であると思います。だいたい一度に五〇枚も買って、楽しむ余裕があるのでしょうか。一日八枚聴いても一週間かかりますし、そもそも毎日仕事と雑用に追われて、一枚をゆっくり聴く余裕もありません。

本書で何度も書いていますが、私が大学生の頃はレコードが大変高価でした。だから一枚買うのにも必死で、店の中で一時間も迷うことはざらでした。こうして買ったレコードは本当に宝物で、その頃はそんな一枚を擦り切れるほど聴きました。そしてカタログや音楽雑誌を眺めながら未だ買うことのできないレコードの演奏を想像したりしました。

当時は狭い学生下宿で安物のプレーヤーによる貧弱な音で聴いていました。その頃の夢は理想的なリスニングルームで高級なオーディオで音楽を聴くことでした。そんな環境で聴くレコードの感動はどれほど素晴らしいだろうかと夢想しました。四十年後の現在、その夢をほぼ叶えました。

しかし時々ふと思います。本当はあの頃のほうが今よりもずっと「いい音」で音楽を聴いていたのではないかと。そう、音楽は耳ではなく心で聴くものなのです。オーディオ的な音の良しあしなんて音楽にとってはささいなことなのです。

一枚のレコードを、大切な宝物のように聴いた青春時代が今は無性に懐かしく思います。

・ヴァルヒャ（チェンバロ）（1961年）Celestial Harmonies
◎シトコヴェツキー編曲、シトコヴェツキー（ヴァイオリン）、コセ（ヴィオラ）、マイスキー（チェロ）（1984年）Orfeo

●ベートーヴェン「ヴァイオリン協奏曲」

○メニューイン（v）、フルトヴェングラー指揮、フィルハーモニア管弦楽団（1953年）Mythos
○オイストラフ（v）、クリュイタンス指揮、フランス国立放送管弦楽団（1958年）ワーナー
○シェリング（v）、イッセルシュテット指揮、ロンドン交響楽団（1965年）ユニバーサル
・シゲティ（v）、ワルター指揮、ブリティッシュ交響楽団（1932年）オーパス蔵
・クライスラー（v）、ブレッヒ指揮、ベルリン国立歌劇場管弦楽団（1926年）オーパス蔵
・ハイフェッツ（v）、トスカニーニ指揮、NBC交響楽団（1940年）Naxos
・パールマン（v）、ジュリーニ指揮、フィルハーモニア管弦楽団（1980年）Warner
・チョン・キョン＝ファ（v）、テンシュテット指揮、ロイヤル・コンセルトヘボウ管弦楽団（1989年）ワーナー

ピアノ協奏曲版

□ピーター・ゼルキン（p）、小澤征爾指揮、ニュー・フィルハーモニア管弦楽団（1969年）ソニー

●「カヴァレリア・ルスティカーナ」間奏曲

◎カラヤン指揮、ベルリン・フィルハーモニー管弦楽団（1967年）ユニバーサル（オペラ間奏曲集、1967年）

「百田尚樹推薦盤リスト」

はP253から始まります。

・デュトワ指揮、モントリオール交響楽団（1990年）Eloquence Australia
・アバド指揮、ヨーロッパ室内管弦楽団（1989年）ユニバーサル
・セル指揮、クリーヴランド管弦楽団（1967年）Andromeda（※コロンビア交響楽団と表示されているが実際はクリーヴランド管弦楽団）

●モーツァルト「ピアノ協奏曲二〇番」

◎グルダ（p）、アバド指揮、ヴィーン・フィルハーモニー管弦楽団（1974年）ユニバーサル
◎カザドシュ（p）、セル指揮、クリーブランド管弦楽団（1956年）Sony Classical*
○アシュケナージ（p、指揮）、フィルハーモニア管弦楽団、Decca（※協奏曲全集、1977～87年）
・バレンボイム（p、指揮）、イギリス室内管弦楽団（1967年）ワーナー
・ペライア（p、指揮）、イギリス室内管弦楽団（1977年）ソニー
○ハスキル（p）、マルケヴィッチ指揮、コンセール・ラムルー管弦楽団（1960年）Decca
・ビルソン（フォルテピアノ）、ガーディナー指揮、イングリッシュ・バロック・ソロイスツ（1986年）DG（※ピアノ協奏曲全集、1983～88年）
□ルフェーブル（p）、フルトヴェングラー指揮、ベルリン・フィルハーモニー管弦楽団（1954年）デルタエンタテインメント
・インマゼール（p、指揮）、アニマ・エテルナ（1990年）Channel Classics

●バッハ「ゴルトベルク変奏曲」

◎グールド（p）（1955年）ソニー
○グールド（p）（1959年）ソニー
○グールド（p）（1981年）ソニー
○シフ（p）（1982年）Decca
□フェルツマン（p）（1991年）Nimbus Records*（※CD-R）
・ペライア（p）（2000年）Sony Classical
・ピーター・ゼルキン（p）（1994年）ソニー
・レオンハルト（チェンバロ）（1976年）ソニー
・ロス（チェンバロ）（1985年）ワーナー*

レジェンド、1929〜56年）
・ケンプ（p）（1965年）ユニバーサル
・アラウ（p）（1963年）Decca
・アシュケナージ（p）（1977年）ユニバーサル
・バレンボイム（p）（1983年）ユニバーサル

●ラヴェル「夜のガスパール」

◎フランソワ（p）（1967年）ワーナー（※ピアノ曲全集第1集、1966〜67年）
◎アルゲリッチ（p）（1974年）ユニバーサル
・グルダ（p）（1953年）ユニバーサル
○ポゴレリチ（p）（1982年）ユニバーサル
・ガブリロフ（p）（1977年）ワーナー
・ヒューイット（p）（2001年）Hyperion
・エル＝バシャ（p）（2007年）トリトーン

●シューベルト「死と乙女」

◎アルバン・ベルク四重奏団（1984年）ワーナー
○イタリア弦楽四重奏団（1965年）Decca
・エマーソン弦楽四重奏団（1987年）ユニバーサル*
・メロス四重奏団、DG（※弦楽四重奏曲全集、1971〜75年）
・ボロディン四重奏団（1995年）ワーナー
・ヴィーン・コンツェルトハウス弦楽四重奏団（1960年）Spectrum Sound

マーラー編曲

□ボーニ指揮、アムステルダム・コンセルトヘボウ室内管弦楽団（1998年）ARTS Music
・スピヴァコフ指揮、モスクワ・ヴィルトゥオージ（2004年）Capriccio

●ロッシーニ「序曲集」

◎トスカニーニ指揮、NBC交響楽団（1945〜53年）ソニー
○ライナー指揮、シカゴ交響楽団（1958〜59年）RCA Red Seal
○カラヤン指揮、ベルリン・フィルハーモニー管弦楽団（1971年）ユニバーサル*

Grand Slam
○ミュンシュ指揮、パリ管弦楽団（1968年）ワーナー
・ショルティ指揮、シカゴ交響楽団、Decca（※交響曲全集、1978、79年）
・ヴァント指揮、北ドイツ放送交響楽団（1996年）ソニー
・ザンデルリンク指揮、シュターツカペレ・ドレスデン（1971年）日本コロムビア
・コンヴィチュニー指揮、ライプチヒ・ゲヴァントハウス管弦楽団（1962年）Ars Vivendi

●バッハ「ブランデンブルク協奏曲」

◎リヒター指揮、ミュンヘン・バッハ管弦楽団（1967年）ユニバーサル
□ゲーベル指揮、ムジカ・アンティクワ・ケルン（1986〜87年）TOWER RECORDS PREMIUM CLASSICS
○クイケン指揮、ラ・プティット・バンド（2009年）Accent
・ミュンヒンガー指揮、シュトゥットガルト室内管弦楽団（1972年）ユニバーサル*
・ピノック指揮、イングリッシュ・コンサート、DG（※ブランデンブルク協奏曲、管弦楽組曲、各種協奏曲集、1978〜84年）
・クレンペラー指揮、フィルハーモニア管弦楽団（1960年）ワーナー
□フルトヴェングラー指揮、ヴィーン・フィルハーモニー管弦楽団（1950年）Archipel（※第三番・第五番収録）
・鈴木雅明指揮、バッハ・コレギウム・ジャパン（2000年）Bis
・サヴァール指揮、ル・コンセール・デ・ナシオン（1991年）Alia Vox
・パウムガルトナー指揮、ルツェルン弦楽合奏団（1978年）日本コロムビア

●ベートーヴェン「悲愴」

◎グルダ（p）（1967年）Eloquence（※ピアノ協奏曲&ピアノソナタ全集、1958〜71年）
○ブッフビンダー（p）（2011年）ソニー
○ルドルフ・ゼルキン（p）（1962年）ソニー
○ギレリス（p）（1980年）ユニバーサル
○ブレンデル（p）（1960年代）Alto Label
・バックハウス（p）（1958年）ユニバーサル
・ナット（p）（1951年）Membran Wallet（※ザ・フレンチ・ピアノ・

・トスカニーニ指揮、NBC交響楽団（1952年）ソニー*
・クレンペラー指揮、フィルハーモニア管弦楽団（1955年）ワーナー
・セル指揮、クリーヴランド管弦楽団（1963年）Sony Classical（※交響曲全集&序曲集　1957～67年）
・フリッチャイ指揮、ベルリン・フィルハーモニー管弦楽団（1961年）ユニバーサル
・ショルティ指揮、シカゴ交響楽団（1972年）Decca（※交響曲全集、1972～74年）
・アーノンクール指揮、ヨーロッパ室内管弦楽団（1990年）ワーナー

●リヒャルト・シュトラウス「英雄の生涯」

◎カラヤン指揮、ベルリン・フィルハーモニー管弦楽団（1974年）ワーナー
○ライナー指揮、シカゴ交響楽団（1954年）ソニー
・ショルティ指揮、ヴィーン・フィルハーモニー管弦楽団（1977～78年）Decca
・ラトル指揮、ベルリン・フィルハーモニー管弦楽団（2005年）ワーナー
・ティーレマン指揮、ヴィーン・フィルハーモニー管弦楽団（2002年）ユニバーサル
・バレンボイム指揮、シカゴ交響楽団（1990年）ワーナー
・マゼール指揮、クリーヴランド管弦楽団（1977年）ソニー
・ベーム指揮、ヴィーン・フィルハーモニー管弦楽団（1976年）ユニバーサル

●ブラームス「第一交響曲」

◎フルトヴェングラー指揮、ベルリン・フィルハーモニー管弦楽団（1952年）Grand Slam
・フルトヴェングラー指揮、北ドイツ放送交響楽団（1951年）Tahra
・トスカニーニ指揮、NBC交響楽団（1951年）ビクター
○トスカニーニ指揮、フィルハーモニア管弦楽団（1952年）Testament（※交響曲全集、1952年）
・ベーム指揮、ベルリン・フィルハーモニー管弦楽団（1959年）ユニバーサル
・カラヤン指揮、ベルリン・フィルハーモニー管弦楽団（1963年）DG
○カラヤン指揮、ヴィーン・フィルハーモニー管弦楽団（1959年）

・フルトヴェングラー指揮、ベルリン・フィルハーモニー管弦楽団（1949年）Testament
・朝比奈隆指揮、新日本フィルハーモニー交響楽団（1993年）フォンテック
・ヨッフム指揮、シュターツカペレ・ドレスデン（1976年）EMI Classics*
・クーベリック指揮、バイエルン放送交響楽団（1977年）Br Klassik
・チェリビダッケ指揮、ミュンヘン・フィルハーモニー管弦楽団（1993年）ワーナー

DVD
◎ケント・ナガノ指揮、ベルリン・ドイツ交響楽団（2006年）Arthaus Musik

●チャイコフスキー「白鳥の湖」

全曲盤
◎プレヴィン指揮、ロンドン交響楽団（1976年）ワーナー
○サヴァリッシュ指揮、フィラデルフィア管弦楽団（1993〜94年）ワーナー
・小澤征爾指揮、ボストン交響楽団（1978年）ユニバーサル

ハイライト盤
◎カラヤン指揮、ヴィーン・フィルハーモニー管弦楽団（1965年）ユニバーサル
○デュトワ指揮、モントリオール交響楽団（1991年）ユニバーサル
・レヴァイン指揮、ヴィーン・フィルハーモニー管弦楽団（1992年）ユニバーサル
・フィストラーリ指揮、ロンドン交響楽団（1952年）オーパス蔵

●ベートーヴェン「第五交響曲」

◎フルトヴェングラー指揮、ベルリン・フィルハーモニー管弦楽団（1943年）Altus
○フルトヴェングラー指揮、ベルリン・フィルハーモニー管弦楽団（1947年）ユニバーサル
○ライナー指揮、シカゴ交響楽団（1955年）ソニー*
○カルロス・クライバー指揮、ヴィーン・フィルハーモニー管弦楽団（1974年）ユニバーサル

●ムソルグスキー「展覧会の絵」

ラヴェル版

◎カラヤン指揮、ベルリン・フィルハーモニー管弦楽団（1965～66年）ユニバーサル

・ジュリーニ指揮、シカゴ交響楽団（1976年）ユニバーサル

○デュトワ指揮、モントリオール交響楽団（1985年）ユニバーサル

・アバド指揮、ベルリン・フィルハーモニー管弦楽団（1993年）ユニバーサル

・シノーポリ指揮、ニューヨーク・フィルハーモニック（1989年）ユニバーサル

□ゴロワノフ指揮、モスクワ放送交響楽団（1953年）Venezia*

・ストコフスキー指揮、ニュー・フィルハーモニア管弦楽団（1965年）ユニバーサル（※ストコフスキー編曲版）

・アシュケナージ指揮、フィルハーモニア管弦楽団（1982年）Decca（※アシュケナージ編曲管弦楽版　アシュケナージ演奏のピアノ版とともに収録）

ピアノ演奏

◎リヒテル（p）（1958年）ユニバーサル

◎ホロヴィッツ（p）（1951年）ソニー

○ブレンデル（p）（1955年）Membran Fabfour（※「リスト、ブラームス、ストラヴィンスキー、他」）

・アシュケナージ（p）（1982年）Decca（上記参照）

・キーシン（p）（2001年）RCA

・フェルツマン（p）（2002年）カメラータ

・ブロンフマン（p）（1990年）ソニー

●ブルックナー「第八交響曲」

CD

◎クナッパーツブッシュ指揮、ミュンヘン・フィルハーモニー管弦楽団（1963年）、ユニバーサルビクター

◎カラヤン指揮、ヴィーン・フィルハーモニー管弦楽団（1975年）ユニバーサル

○シューリヒト指揮、ヴィーン・フィルハーモニー管弦楽団（1963年）ワーナー

○ヴァント指揮、ベルリン・フィルハーモニー管弦楽団（2001年）ソニー

□シュヴァルツコップ（ソプラノ）、パーソンズ（p）（1966年）Warner Icon（※EMI録音集、1946〜74年）
□レーマン（ソプラノ）、ライダー（ソプラノ）、他（計18人）ユニバーサル（※「18人の名歌手によるシューベルト『魔王』」、1906〜66年）

●ヴァーグナー「ヴァルキューレ」

DVD
○レヴァイン指揮、メトロポリタン歌劇場管弦楽団（1987年）DG
CD
◎ショルティ指揮、ヴィーン・フィルハーモニー管弦楽団（1962年）Decca（※ワーグナー・オペラ・レコーディングズ、1958年〜1985年）
○クナッパーツブッシュ指揮、バイロイト祝祭管弦楽団（1956年）Orfeo Dor（※「ニーベルングの指環」全曲）
・ラインスドルフ指揮、メトロポリタン歌劇場管弦楽団（1941年）Naxos
○フルトヴェングラー指揮、ヴィーン・フィルハーモニー管弦楽団（1954年）Naxos
・フルトヴェングラー指揮、イタリア放送交響楽団（1953年）ワーナー（※「ニーベルングの指環」全曲）
・カイルベルト指揮、バイロイト祝祭管弦楽団（1955年）Testament
・ティーレマン指揮、バイロイト祝祭管弦楽団（2008年）Opus Arte
・ゲルギエフ指揮、マリインスキー劇場管弦楽団（2011年〜12年）Mariinsky
・ベーム指揮、バイロイト祝祭管弦楽団（1967年）Decca
・ヤノフスキ指揮、ベルリン放送交響楽団（2012年）Pentatone Classics

●パガニーニ「二四の奇想曲」

○五嶋みどり（v）（1988年）ソニー
○アッカルド（v）（1977年）ユニバーサル
○ミンツ（v）（1981年）ユニバーサル
・パールマン（v）（1972年）ワーナー
・ギトリス（v）（1976年）Accord

・カラヤン指揮、ベルリン・フィルハーモニー管弦楽団（1980年）ユニバーサル
・レヴァイン指揮、ヴィーン・フィルハーモニー管弦楽団（1980年）Sony Opera House
・スウィトナー指揮、シュターツカペレ・ドレスデン（1970年）Eurodisc
・フリッチャイ指揮、RIAS交響楽団（1955年）DG

●ベートーヴェン「第九交響曲」

◎フルトヴェングラー指揮、バイロイト祝祭管弦楽団（1951年）デルタエンタテインメント
◎フルトヴェングラー指揮、ヴィーン・フィルハーモニー管弦楽団（1952年）Tahra
□フルトヴェングラー指揮、ベルリン・フィルハーモニー管弦楽団（1942年）Altus
○テンシュテット指揮、ロンドン・フィルハーモニー管弦楽団（1985年）Bbc Legends*
○カラヤン指揮、ベルリン・フィルハーモニー管弦楽団（1977年）Tokyo FM
○ショルティ指揮、シカゴ交響楽団（1972年）Decca（※交響曲全集、1972年～74年）
□メンゲルベルク指揮、アムステルダム・コンセルトヘボウ管弦楽団（1940年）Andromeda（※交響曲全集、1940年）
・ジュリーニ指揮、ベルリン・フィルハーモニー管弦楽団（1989年～90年）ユニバーサル
・バーンスタイン指揮、ヴィーン・フィルハーモニー管弦楽団（1979年）Eloquence
□ジンマン指揮、チューリッヒ・トーンハレ管弦楽団（1998年）Arte Nova（※交響曲&序曲全集、1997～98年、2004年）
・バレンボイム指揮、シュターツカペレ・ベルリン（1992年）ワーナー
・シュミット=イッセルシュテット指揮、ヴィーン・フィルハーモニー管弦楽団（1965年）ユニバーサル

●シューベルト「魔王」

◎ディースカウ（バリトン）、ムーア（p）ワーナー（1958年）（※歌曲集、1955～65年）

2006年）
□コルトー（p）（1934年）ワーナー
・バックハウス（p）（1928年）Profil
・シフラ（p）Warner Classics（※ピアノ作品集、1962〜78年）

●ベルリオーズ「幻想交響曲」

◎ミュンシュ指揮、パリ管弦楽団（1967年）ワーナー
○ムーティ指揮、フィラデルフィア管弦楽団（1984年）ワーナー
□ストコフスキー指揮、ニュー・フィルハーモニア管弦楽団、Decca（※デッカ・レコーディングス、1965〜72年）
・カラヤン指揮、ベルリン・フィルハーモニー管弦楽団（1974〜75年）ユニバーサル
□ロジェストヴェンスキー指揮、レニングラード・フィルハーモニー管弦楽団（1971年）Bbc Legends
・クリュイタンス指揮、パリ音楽院管弦楽団（1964年）Altus
・アバド指揮、シカゴ交響楽団（1983年）ユニバーサル
・ラトル指揮、ベルリン・フィルハーモニー管弦楽団（2008年）EMI Classics
・デュトワ指揮、モントリオール交響楽団（1987年）ユニバーサル
・エッシェンバッハ指揮、パリ管弦楽団（2002年）Naive

●モーツァルト「魔笛」

DVD
◎シュタイン指揮、ハンブルク・フィルハーモニー管弦楽団（1971年）Dreamlife*
・デイヴィス指揮、コヴェント・ガーデン王立歌劇場管弦楽団（2003年）Opus Arte（※モーツァルト・オペラ・ボックス・セット　2003〜08年）
・サヴァリッシュ指揮、バイエルン国立歌劇場管弦楽団（1983年）DG
CD
◎クレンペラー指揮、フィルハーモニア管弦楽団（1964年）ワーナー
○ショルティ指揮、ヴィーン・フィルハーモニー管弦楽団（1969年）ユニバーサル
○ベーム指揮、ベルリン・フィルハーモニー管弦楽団（1964年）DG
○フルトヴェングラー指揮、ヴィーン・フィルハーモニー管弦楽団（1949年）Orfeo Dor

・ホグウッド指揮、エンシェント室内管弦楽団　Universal Italy（※交響曲全集、1978～85年）
・ピノック指揮、イングリッシュ・コンサート、DG（※交響曲全集、1992～95年）
・コープマン指揮、アムステルダム・バロック管弦楽団（1988年）ワーナー

●ラフマニノフ「ピアノ協奏曲第2番」

◎リヒテル（p）、ヴィスロツキ指揮、ワルシャワ国立フィルハーモニー管弦楽団（1959年）ユニバーサル
○アシュケナージ（p）、プレヴィン指揮、ロンドン交響楽団（1971年）ユニバーサル
○クライバーン（p）、ライナー指揮、シカゴ交響楽団（1962年）ソニー
・ラフマニノフ（p）、ストコフスキー指揮、フィラデルフィア管弦楽団（1929年）Naxos
・ラン・ラン（p）、ゲルギエフ指揮、マリインスキー劇場管弦楽団（2004年）ユニバーサル
・ガブリロフ（p）、ムーティ指揮、フィラディルフィア管弦楽団（1989年）ワーナー
・ツィマーマン（p）、小澤征爾指揮、ボストン交響楽団（2000年）ユニバーサル
・ルービンシュタイン（p）、オーマンディ指揮、フィラデルフィア管弦楽団（1971年）ソニー
・マツーエフ（p）、ギルバート指揮、ニューヨーク・フィルハーモニック（2012年）Sony Classical

●ショパン「12の練習曲集」

◎ポリーニ（p）（1972年）ユニバーサル
○ポリーニ（p）（1960年）Testament
○アシュケナージ（p）（1971、72年）ユニバーサル
○アシュケナージ（p）（1959、60年）Melodiya
○ヴィルサラーゼ（p）（1985年）Live Classics*
・ペライア（p）（2001年）ソニー
・ブーニン（p）（1998年）ユニバーサル
・ルガンスキー（p）（1999年）ERATO（※エラート録音集、1999～

・ショルティ指揮、シカゴ交響楽団（1989年）ユニバーサル
・朝比奈隆指揮、大阪フィルハーモニー交響楽団（2000年）オクタヴィアレコード・エクストン
・ティーレマン指揮、ヴィーン・フィルハーモニー管弦楽団（2009年）Sony Classical
□サヴァール指揮、ル・コンセール・デ・ナシオン（1994年）Auvidis-Fontalis
・ジンマン指揮、チューリッヒ・トーンハレ管弦楽団（1998年）Arte Nova（交響曲＆序曲＆協奏曲全集、1997〜2005年）
・ホルスト・シュタイン指揮、ベルリン・ドイツ交響楽団（2000年）Weitblick*

●バッハ「平均律クラヴィーア曲集」

◎グルダ（p）（1972〜73年）MPS
◎リヒテル（p）（1970〜73年）RCA Victor
□グールド（p）（1962〜1971年）Sony Classical
□フィッシャー（p）（1933〜1936年）Documents
□フェルツマン（p）（1992、1995年）Nimbus Records（※CD-R）
・ニコラエヴァ（p）（1971〜73年）Aulos
・テューレック（p）（1952〜1953年）Membran Fabfour
・アシュケナージ（p）（2005年）Decca
・バレンボイム（p）（2003〜2004年）Warner Classics
・ジャレット（p）（1987年）ユニバーサル
・レオンハルト（チェンバロ）（1967年、72年、73年）ソニー
・ヴァルヒヤ（チェンバロ）（1961年）Celestial Harmonies

●モーツァルト「交響曲第25番」

◎クレンペラー指揮、フィルハーモニア管弦楽団（1956年）ワーナー
○ベーム指揮、ベルリン・フィルハーモニー管弦楽団、DG（※交響曲全集、1959〜68年）
○マリナー指揮、アカデミー・オブ・セント・マーティン・イン・ザ・フィールズ室内管弦楽団（1978年）タワーレコード
・ワルター指揮、コロンビア交響楽団（1954年）Sony Classical（※後期交響曲集ほか、1954〜60年）
・レヴァイン指揮、ヴィーン・フィルハーモニー管弦楽団（1985年）ユニバーサル

百田尚樹推薦盤リスト

◎は特におすすめしたい名盤、○はその次におすすめしたい名盤、□はユニークで魅力溢れる推薦盤になります。
ただし、これは私のコレクションの中から、個人的な印象で選んだものにすぎません。何度も言うように、音楽の演奏はスポーツ競技ではありません。究極的には自分の好みで聴くものだと思います。ここに挙げたCD以外でも、素晴らしいCDはいくらでもあります。皆さんもご自分の好みの名盤コレクションを作ってください。

・一部例外を除き、2015年11月末現在でなるべく入手しやすいCDを掲載しました。廃盤などの理由で入手がかなり困難なCDについては＊を付しました。
・年号は録音年です。

【略号】
p：ピアノ
v：ヴァイオリン
ユニバーサル：ユニバーサル ミュージック
ワーナー：ワーナーミュージック・ジャパン
ソニー：ソニー・ミュージックジャパンインターナショナル
ビクター：ビクターエンタテインメント
DG：ドイツ・グラモフォン

●ベートーヴェン「エロイカ」

◎フルトヴェングラー指揮、ヴィーン・フィルハーモニー管弦楽団（1944年）オーパス蔵
○フルトヴェングラー指揮、ヴィーン・フィルハーモニー管弦楽団（1952年）ワーナー
・ムラヴィンスキー指揮、レニングラード・フィルハーモニー管弦楽団（1968年）ビクター（※「ムラヴィンスキーの真髄」1964～83年）
○トスカニーニ指揮、NBC交響楽団（1953年）ビクター
○カラヤン指揮、ベルリン・フィルハーモニー管弦楽団（1962年）ユニバーサル

〈初出〉
『一個人』（ＫＫベストセラーズ）二〇一一年八月号〜二〇一三年四月号
『Ｖｏｉｃｅ』（ＰＨＰ研究所）二〇一三年七月号〜十月号

〈単行本〉
『至高の音楽』（ＰＨＰ研究所）二〇一三年十一月発刊（ＣＤ付き）

巻末の「百田尚樹推薦盤リスト」は本書オリジナルになります。

PHP新書

PHP INTERFACE
http://www.php.co.jp/

百田尚樹［ひゃくた・なおき］

1956年大阪生まれ。同志社大学中退。人気番組「探偵!ナイトスクープ」のメイン構成作家となる。2006年、『永遠の0《ゼロ》』（太田出版）で小説家デビュー。講談社文庫から文庫化され、累計500万部を突破、13年映画化される。同年『海賊とよばれた男』（講談社）で本屋大賞受賞。19歳のときにクラシックに目覚めて以来、ほぼ毎日クラシックを聴いている。購入したレコード、CDは優に２万枚を超える。
著書に、『風の中のマリア』（講談社文庫）、『モンスター』（幻冬舎文庫）、『大放言』（新潮新書）などがある。

〈本文レイアウト〉多田和博
朝日メディアインターナショナル株式会社

PHP新書1021

至高の音楽
クラシック「永遠の名曲」の愉しみ方

二〇一六年一月五日　第一版第一刷

著者――百田尚樹
発行者――小林成彦
発行所――株式会社PHP研究所
東京本部――〒135-8137 江東区豊洲5-6-52
新書出版部 ☎03-3520-9615（編集）
普及一部 ☎03-3520-9630（販売）
京都本部――〒601-8411 京都市南区西九条北ノ内町11
組版――朝日メディアインターナショナル株式会社
装幀者――芦澤泰偉＋児崎雅淑
印刷所
製本所――図書印刷株式会社

ISBN978-4-569-82977-7

ＰＨＰ新書刊行にあたって

「繁栄を通じて平和と幸福を」(PEACE and HAPPINESS through PROSPERITY)の願いのもと、ＰＨＰ研究所が創設されて今年で五十周年を迎えます。その歩みは、日本人が先の戦争を乗り越え、並々ならぬ努力を続けて、今日の繁栄を築き上げてきた軌跡に重なります。

しかし、平和で豊かな生活を手にした現在、多くの日本人は、自分が何のために生きているのか、どのように生きていきたいのかを、見失いつつあるように思われます。そして、その間にも、日本国内や世界のみならず地球規模での大きな変化が日々生起し、解決すべき問題となって私たちのもとに押し寄せてきます。

このような時代に人生の確かな価値を見出し、生きる喜びに満ちあふれた社会を実現するために、いま何が求められているのでしょうか。それは、先達が培ってきた知恵を紡ぎ直すこと、その上で自分たち一人一人がおかれた現実と進むべき未来について丹念に考えていくこと以外にはありません。

その営みは、単なる知識に終わらない深い思索へ、そしてよく生きるための哲学への旅でもあります。弊所が創設五十周年を迎えましたのを機に、ＰＨＰ新書を創刊し、この新たな旅を読者と共に歩んでいきたいと思っています。多くの読者の共感と支援を心よりお願いいたします。

一九九六年十月

ＰＨＰ研究所